Hanna Buiting

Schreiben ist Gold

Hanna Buiting

Schreiben ist Gold

Eine Einladung zu Kreativität und Achtsamkeit

HERDER

FREIBURG · BASEL · WIEN

MIX
Papier aus verantwortungsvollen Quellen
FSC® C014496

www.herder.de

Illustrationen im Innenteil: Feder: Inspiretta/GettyImages
S. 156: Kate Macate/shutterstock
Satz: Carsten Klein, Torgau
Herstellung: GGP Media GmbH, Pößneck

Printed in Germany

ISBN Print 978-3-451-39284-9
ISBN E-Book (E-PUB) 978-3-451-82778-5

Dieses Buch ist eine Liebeserklärung an das Schreiben.
Und an alle, die mir ihre Worte leihen.
Die Geschichten teilen. Und Leben.
Ihr seid mir ein Segen.

Inhalt

»Und ich möchte Sie, so gut ich es kann, bitten, Geduld zu haben gegen alles Ungelöste in Ihrem Herzen und zu versuchen, die Fragen selbst liebzuhaben wie verschlossene Stuben und wie Bücher, die in einer sehr fremden Sprache geschrieben sind. Forschen Sie jetzt nicht nach den Antworten, die Ihnen nicht gegeben werden können, weil Sie sie nicht leben könnten. Und es handelt sich darum, alles zu leben. Leben Sie jetzt die Fragen. Vielleicht leben Sie dann allmählich, ohne es zu merken, eines fernen Tages in die Antwort hinein.«

Rainer Maria Rilke, Briefe an einen jungen Dichter

Am Anfang

Ich bin da. Und bin es doch auch nicht. Meine kleine Hand eilt über das Papier. Sie schreibt auf, was mir mein Kopf diktiert. In diesem Moment, in dem ich acht Jahre alt bin. »Geh einfach raus, wenn du fertig bist, Hanna, ja?«, sagt meine Lehrerin und zieht die Tür zum Klassenzimmer hinter sich zu. Nachdem es schon zur Pause geklingelt hat, darf ich ausnahmsweise noch hier bleiben und meine Geschichte zu Ende schreiben. Den letzten Punkt setze ich, als die anderen Kinder schon wieder reinkommen. Ich habe mein Zeitgefühl verloren. War da. Und war es doch nicht. Dafür habe ich Worte gefunden. Oder fanden sie mich?

***

Seit ich schreiben kann, habe ich geschrieben. Aber nicht immer war dieses Schreiben gleich. Je älter ich wurde, desto mehr veränderte es sich. Aus einem unbeschwerten Geschichtenerzählen wurde immer öfter ein kontrollierter Prozess. Ich schrieb oft, weil ich es musste. Klausuren, Aufsätze, Hausarbeiten. Und schließlich kontrollierte ich auch mich selbst dabei immer mehr: Ist das gut genug? Bin ich es?

Bis ich einmal gar nicht mehr schreiben konnte.

Weil da eine große Leere war. Eine Lücke. Eine Krise. Ein Gefühl von Verlorensein. In der Welt und in mir selbst. Ich war erschöpft. Kraftlos. Sehr müde. Hatte große Angst. Wusste nicht, wie es weitergehen sollte. Wie *ich* weitergehen sollte. Und wohin. Ich brauchte etwas, an dem ich mich festmachen konnte, was Bestand hatte, auch wenn ich meinen festen Stand verloren zu haben schien.

Und es dauerte eine Weile, bis ich mich erinnerte: an das Schreiben und seine Kraft. An diese Möglichkeit: da zu sein und irgendwie auch nicht. Dass das gehen konnte: Etwas zu verlieren und gleichzeitig zu finden.

Und so fing ich wieder an zu schreiben. Jedoch anders als die Jahre zuvor. Ich erzählte diesmal nicht mehr nur die Geschichten von anderen, sondern auch meine eigene. Ich schrieb sie auf. Tag für Tag. Satz für Satz. Wort für Wort.

In Momentaufnahmen hielt ich fest, was mich in diesen Momenten beschäftigte. Nicht, weil es mir so besonders wichtig oder erzählenswert erschien oder um es anderen zu lesen zu geben, sondern um mir selbst zu versichern, dass es mich immer noch gab. Dass das, was ich erlebte, fühlte, sah, wahrhaftig war.

Das Festhalten von diesen Momenten auf Papier, es zeigte mir buchstäblich mein Leben: Dass ich am Morgen das Bett verlassen hatte, dass die Sonne schien, Kinder Ferien hatten und es im Café um die Ecke grünen Tee gab und in der Eisdiele Zitronensorbet. Das Schreiben in dieser Zeit bedeutete aber auch, dass ich mir selbst einen Raum einräumte für meine Fragen, die mir damals überlebensgroß erschienen, und die ich mich doch laut zu stellen lange nicht getraut hatte. Auf dem Papier aber woben sie sich ein in die kleinen Texte dieser Tage. Mein Kopf diktierte sie mir, machte keinen Unterschied zwischen vordergründig Banalem und offensichtlich Existenziellem. Auf dem Papier war alles erlaubt, nichts peinlich, wurde alles verziehen, war nichts zu klein oder zu groß. Auf dem Papier durfte ich die sein, die ich war.

Und so wurden mir die Worte zu einem neuen Anfang: Durch das Schreiben der Fragen lebte ich allmählich, beinah ohne es zu merken, in die Antworten hinein.

Und ich tue das bis heute. Es ist meine Form, das Leben zu betrachten und mich selbst darin. Ich verorte mich in Worten. Ich merke, dass mir etwas fehlt, wenn ich längere Zeit nichts zu Papier gebracht habe. Das Schreiben, es ist mein Ausdruck für das, was mir eindrücklich ist. Es macht nicht alles heil, es macht nicht alles hell, aber immer wieder mache ich die Erfahrung: Das Schreiben bringt mich auf die Spur zurück zu mir, wenn ich mir wieder mal selbst verloren gegangen bin. Es weist mir eine neue Richtung, schafft eine neue Klarheit, wirft auch neue Fragen auf, aber lässt sie mich besser aushalten. Weil ich mittlerweile weiß: Das Aufschreiben der Fragen trägt immer auch schon die leise, feine Ahnung einer Antwort in sich.

Wenn ich schreibe, dann spüre ich eine ganz starke Verbundenheit. Mit der Welt, mit mir selbst und auch mit anderen Menschen. Denn ich bin überzeugt: Jeder Mensch hat eine Geschichte und die ist es wert, erzählt zu werden. Und manchmal braucht es dafür nur einen Raum, in dem das Platz hat. Einen Anstoß, der zum Erzählen anregt. Eine, die zuhört, nicht wertet, sondern fragt: Was ist deine Geschichte? Erzähl mir von dir. Ich bin hier. Mit dir. Auf dieser Welt. In diesem Moment. Deine Geschichte kann auch zum Teil meiner Geschichte werden. Zwischen den Zeilen begegnen wir uns und teilen Erfahrungen und Erinnerungen, Liebe und Leid, Fantasie und Freiheit. Immer wieder Verbundenheit.

Und schließlich wird durch das Schreiben auch die fein gespannte Saite in mir angeregt und zum Klingen gebracht, die ich als Spiritualität bezeichne. Diese Idee einer Kraft, die über mich selbst hinausweist. Von der ich längst nicht alles weiß und in die ich doch große Hoffnungen setze. Schreiben ist auch meine Form zu beten. In einen Dialog zu treten. Mich selbst und das, was mich ratlos dastehen lässt, in andere Hände zu geben. Im Schreiben finde ich ein Gegenüber. Ich nenne es G*tt.

Das Schreiben, es ist mir Beruf und vielleicht sogar Berufung. Eine Spur in meinem Lebenssoundtrack, die immer irgendwie mitläuft. Wesentlicher Teil meines Alltags. Stärkste Ausdrucksform meiner selbst. Immer wieder eine Suchbewegung.

Das Schreiben, es lässt mich Fragen wagen und Freiheit fühlen. Es ist Ausdruck meiner Lebensfreude, weckt Erinnerungen, verbindet mich mit einem Gegenüber. Und so ist dieses Buch wie eine Liebeserklärung an das Schreiben: Es lässt wahrlich Schätze finden.

Willkommen, davon zu lesen.

Noch ein paar Hinweise zu Beginn:

*In diesem Buch bemühe ich mich um eine geschlechtergerechte Sprache. Weil es für mich nicht stimmig wäre, ein Buch über das Schreiben zu schreiben und dann eine entscheidende Sprachentwicklung unserer Zeit nicht aufzugreifen. Dabei benutze ich die mehrgeschlechtliche Schreibweise mit *Sternchen, wenn ich Personen beschreibe. Hierunter mögen sich wirklich *alle* gesehen und sichtbar gemacht fühlen.*

Das Wörtchen »man« benutze ich als ein generalisierendes Personalpronomen, weise es also keinem Geschlecht zu. Für den gegenwärtigen Moment ist mir das die vertrauteste und zugänglichste Form und ich hoffe inständig, niemand möge sich davon übergangen oder gar verletzt fühlen. Ich bin und bleibe gerne eine Dazulernende.

*In diesem Buch denke ich außerdem auch über Gott nach. Und auch G*tt schreibe ich mit Sternchen. Seit einer Weile tue ich das schon. Seitdem mich kluge Menschen auf die Spur brachten, diese Schreibweise könnte Ausdruck sein für mein letztliches Unvermögen, G*tt im Gesamten zu begreifen. Es ist ein Zeichen der Achtung und des Respekts. Auch eine kleine Anlehnung an die jüdischen Glaubensgeschwister, die den Namen G*ttes bis auf ganz seltene Ausnahmen nie aussprechen. Außerdem zeigt das Sternchen: Hier ist noch mehr möglich. G*tt zum Beispiel nicht nur männlich zu lesen. Auch andere Seinsformen haben unter dieser Schreibweise Platz. Ich habe jedenfalls gemerkt: Für mich macht es einen Unterschied, wenn ich G*tt schreibe und nicht Gott. Es ist auch Gewöhnungssache. Vielleicht werde ich es eines Tages wieder anders oder aber ganz anders tun. Für jetzt jedoch ist G*tt zu schreiben am nächsten dran an dem, was ich zu schreiben versuche.*

Liebe Fragen!

Ich liebe es, euch in meinem Leben zu haben. Ihr geht mir einfach nicht aus, sondern werdet vielleicht sogar immer nur noch mehr. Ihr seid wirklich überall zu finden. Vor allem in den Dingen, die zunächst ganz und gar unerklärlich scheinen, da nistet ihr euch ein. Ihr liegt mir auf der Zunge und oft sehr auf dem Herzen.

Manche von euch werden immer wieder gestellt: Wie geht es dir? Warum ist das so? Wann sind wir endlich da? Andere von euch haben Seltenheitswert: Willst du mich heiraten? Wird es je wieder gut? Werden wir uns wiedersehen?

Manchmal seid ihr unbequem. Da kostet es mich Mut, euch laut zu stellen. Oder mir einzugestehen, dass ich euch immer noch habe. Dass mir etwas unverständlich bleibt, ich längst nicht alles weiß.

Und doch will ich nicht auf euch verzichten. Denn ihr haltet mich neugierig. Lasst mich wacher durch die Welt gehen. Nicht alles für selbstverständlich nehmen. Mit euch geh ich mir selbst auf den Grund, versuche zu ergründen, was im Grunde alles zusammenhält. In dieser Welt und mir darin.

Ihr setzt ein Zeichen. An die Enden meiner Sätze. Ihr seid der Anfang vom Ahnen einer Antwort: Ich lebe durch euch in sie hinein.

Eure Hanna

Die Fragen leben

Ich schreibe mich in den Tag

Seit einigen Jahren beginne ich nahezu jeden Morgen damit, einen Kaffee zu kochen, eine Kerze anzuzünden, mich noch im Schlafanzug an meinen Schreibtisch zu setzen und dann eines von den Blanko-Büchern aufzuschlagen, die mein Vater mir geschenkt hat. Ich öffne den Füller, setze ihn an und von dort geht es los: drei Seiten lang. Schreiben, Schreiben, Schreiben. Morgenseiten – eine Schreibmethode, die auf die Autorin und Leiterin von Schreibgruppen Julia Cameron zurückgeht. Dabei fließen die Gedanken aufs Papier wie Tinte. Ich versuche, sie nicht zu steuern, sie nicht aufzuhalten, nicht zu kontrollieren. Ich lasse sie los und damit auch mich selbst ein Stück. Manchmal ist mir dann, als übernehme jemand anderes die Federführung. Als schriebe jemand anderes wie durch mich hindurch. Und ein Wort folgt auf das andere. Meistens sind es zunächst Beobachtungen. Dass die Sonne scheint. Es in der Nacht geschneit hat. Der Nachbarshund bellt. Unter der Dachrinne Spatzen nisten.

Und ohne, dass ich es so geplant hätte, haben die Dinge, die dort stehen, mehr und mehr mit mir selbst zu tun. Plötzlich steht da, dass ich Hunger habe. Kalte Füße. Dass Donnerstag ist. Bald Weihnachten. Ich noch kein Geschenk für meine Schwestern habe. Dass sie mir fehlen. Dass ich mich frage, was sie wohl gerade machen. Dass es lange her ist, dass wir die Tage gemeinsam verbrachten. Dass es lange her ist, dass wir Kinder waren. Ich erinnere mich auf einmal wieder, wie Weihnachten damals war.

Wie sich der Kinderzimmerboden unter unseren kleinen Füßen anfühlte. Wie das Haus roch. Ich frage mich, ob wir damals anders gelebt hätten, wenn uns bewusster gewesen wäre, dass unsere Kindheit irgendwann enden würde. Denke, dass es den Tag gegeben haben muss, an dem wir zum letzten Mal so gemeinsam spielten, wie wir es all die Jahre über getan hatten. Denke weiter, warum man überhaupt irgendwann aufhört zu spielen, wer sich das eigentlich ausgedacht hat, das Spielen. G*tt vielleicht? Ist die Erde im Grunde ein großer Spielplatz? Gibt es Schaukeln, damit wir das Gefühl haben, wir könnten den Himmel berühren, wenn wir uns nur lang genug danach ausstrecken? Schwung holen? Und dann springen wir irgendwann ab? Ich stelle mir vor, dass das Ende des Lebens ja vielleicht so ist wie der Moment in unserer Kindheit, in dem am Abend die Laternen in unserer Straße angingen. Ein verlässliches Zeichen, dass wir nach Hause kommen sollten. Und an der Tür stand schon jemand, der uns rief: »Kommt rein jetzt. Es ist Zeit.«

Mit Morgenseiten schreibe ich mich in den neuen Tag hinein. Noch vor dem Frühstück, manchmal sogar vor dem Zähneputzen, schreibe ich mich nah heran: an das, was offensichtlich scheint, und an das, was oben aufliegt auf meinem Bewusstsein, zu dem ich aber in anderer Form vermutlich nicht so leicht Zugang bekommen hätte. Das automatische Schreiben, wie man diese Schreibtechnik nennt, es dient mir zum Warmwerden und Wachwerden, vor allem aber zeigt es mir etwas von mir selbst. Es holt Verborgenes an die Oberfläche, manchmal gar Verschüttetes oder Verlorengeglaubtes: Erinnerungen, von denen ich nicht gedacht hätte, dass ich sie noch in mir trage, kehren plötzlich zu mir zurück. Ein Gedanke entwickelt sich weiter, wenn ich ihn nur aufschreibe. Eine Idee vom Leben wird sichtbar. Eine Frage. Der Anfang einer Ahnung. Eine Verbindung. Ein neues Bewusstsein. Es knistert und funkelt. Zwischen den Worten, zwischen meinen Lebensseiten.

Ich glaube, heute wird ein heller Tag.

Was ich von hier aus sehen kann

Oft werde ich gefragt, woher mir denn all die Ideen kommen zu den Geschichten, die ich so erzähle. Meine Antwort dazu fällt etwas vage aus. Ich kann es nicht bis ins Letzte erklären. Denn meist habe ich das Gefühl, dass nicht *ich* die Geschichten finde, sondern die Geschichten mich finden.

Zuerst vielleicht, indem ich eine Beobachtung mache. Zum Beispiel diese:

Ich stehe am Küchenfenster, während ich darauf warte, dass das Nudelwasser kocht. Draußen wird es langsam herbstlich. Der Baum vor unserem Haus erzählt davon. Viermal im Jahr hüllt er sich in ein anderes Gewand. Und auch den Menschen, die da auf dem Gehweg vorüberlaufen, sieht man an: Es wird kühler. Es ist Anorakzeit. Und Zeit für neue Herbstboots, in denen man sich in den ersten Oktobertagen noch Blasen läuft. Außerdem ist Kastanien-aus-dem-Rinnstein-Auflesezeit. Mit etwas verstohlenem Blick tun das auch manche Erwachsene noch. Hoffen scheinbar, dass sie niemand dabei beobachtet, wie sie diesen herbstlichen Handschmeichler in ihre Jackentasche gleiten lassen und zwischendurch mit den Fingern danach tasten und sich vielleicht erinnern, wie sie das als Kinder schon getan haben. Vor langer Zeit. Ich beobachte sie dabei.

Vor allem diese zwei: den alten Mann und die alte Frau, die Händchen haltend unsere Straße entlanglaufen. Sehr langsam gehen sie. Sehr dicht beieinander. Ein bisschen wie ein frischverliebtes Pärchen, dabei sind sie schätzungsweise längst über achtzig Jahre alt. Sie wirken einander sehr vertraut. Ganz so, als hätten sie schon mächtig Strecke miteinander gemacht, als seien sie bereits viele Straßen miteinander entlanggelaufen. Seite an Seite. Hand in Hand. Sie unterhalten sich nicht. Aber auf ihren beiden Gesichtern liegt ein zufriedener Ausdruck. Das ist auch vom Küchenfenster aus zu sehen. Und dann bleiben sie plötzlich kurz stehen. Und der alte Herr bückt sich sehr langsam und hebt dann mit seiner vermutlich parkinsongeschüttelten Hand eine Kastanie vom Boden auf. Und er schaut seine Gefährtin lächelnd an und dann schiebt er diesen kleinen Schatz in ihre Jackentasche. Sie lächelt auch. Sie sprechen nicht. Sondern gehen einfach weiter.

Im Kochtopf auf meinem Herd steigen Wasserblasen auf. Ich stehe unbewegt am Fenster. Fühle mich wie eine Zeugin von etwas sehr Schönem. Einer Alltagsbeobachtung. Von etwas Kleinem, Feinem. Später schreibe ich es auf. Bloß so. Und füge vielleicht noch ein bisschen was hinzu. Weil ich manchmal das Gefühl habe, das Leben haltbarer machen zu wollen, als es ist. Dieser Fenstermoment, er war wohl wie so vieles lediglich ein Wimpernschlag in der Weltgeschichte. Winzig klein. Schon wieder vorbei. Und vielleicht doch oder gerade deswegen erzählenswert.

Das Leben jedenfalls geht längst weiter. Und mit ihm diese zwei. Über die ich im Grunde nichts weiß. Bloß ahne: Dass man auch mit über achtzig noch verliebt durch eine Straße laufen kann. Und sich nach Kastanien bückt, um sie seiner Liebsten in die Jackentasche zu stecken. Vielleicht, weil sie so gern Kastanien mag. Und dabei an ihre Kindheit denkt. Oder an heiße Maronen, auf dem Küchenofen gegart. Oder an die Zeit, als sie mit ihren eigenen Kindern Kastanientiere bastelte. Mit Zahnstocherbeinen. Vielleicht denkt sie beim Fühlen der glatten Schale auch an ihre Haut, die nicht immer so runzlig war wie heute. Und daran, dass eben alles im Leben seine Zeit hat. Auch das.

Wie ich auf Ideen für meine Geschichten komme? So.

Schreiben ist wie Spielen

Es ist 2001. Ich bin neun Jahre alt und mein liebstes Hobby ist es, mich in das kleine Dachgeschosszimmer in meinem Elternhaus zurückzuziehen. Dorthin, wo der Computer steht; ein grauer, klobiger Kasten mit kleinem Bildschirm und Tastatur, die laut klappert, wenn man die Tasten anschlägt. Außerdem gibt es dort eine Tür, die ich hinter mir schließen kann, ein Dachflächenfenster, von dem aus ich den Himmel sehe, dazu Zeit. Und die Freiheit, die mir meine Eltern geben, dort allein sein zu dürfen. Der Computer ist damals noch nicht verbunden mit dem Internet. Er ist im Prinzip nicht viel mehr als eine bessere Schreibmaschine. Es scheint keine Gefahr von ihm auszugehen. Mir erscheint er als großartiger Spielgefährte. Denn wenn ich ihn anschalte und das Word-Programm öffne, geht es gleich los mit dem Spiel, das ich »Geschichten schreiben« nenne. Es braucht dazu nicht viel: nur ein weißes Dokument, eine Diskette, um das Geschriebene später sicher speichern zu können, und meine eigene Fantasie. Da ich davon als Neunjährige eine Menge zu haben scheine, fülle ich die Seiten schnell. Zu Anfang mit nur zwei Fingern, tippe und tippe ich. Worte erscheinen auf dem Bildschirm, Sätze, schließlich ganze Geschichten, die mich mitnehmen, mich eintauchen lassen in andere Welten. Das erscheint mir am schönsten an diesem Spiel: Ich denke mir diese Welten aus und gleichzeitig werde ich selbst ein Teil von ihnen. Während ich schreibe, bin ich selber gespannt, was als Nächstes passieren wird. Was sagt Lea zu ihrem Zwillingsbruder Ben, wenn der sie wieder mal ärgert? Wie ist es für Dora, als sie im Bett liegt und plötzlich der Engel Daniel an ihr Kinderzimmerfenster klopft? Ob Bella in den Sommerferien einen Jungen kennenlernen wird, in den sie sich verliebt? So richtig dolle? Mit Küssen und so?

Wenn ich diese Geschichten von damals heute noch einmal lese, dann sind sie wie ein Zeitzeugnis. Sie erzählen mir von meinem neunjährigen Ich. Sie offenbaren, wie ich damals dachte. Was mich interessierte, was ich spannend fand. Denn diese Geschichten, sie sind im Grunde immer eine Mischung aus meiner eigenen Lebensrealität und dem, was ich in Büchern las oder in Filmen sah, was mir auf der Straße, auf dem Schulhof, auf Reisen begegnete oder wovon mir andere erzählten. Auf dem Papier verband sich alles miteinander zu etwas Neuem. Auf dem Papier erlebte ich durch meine erfundenen Charaktere etwas, wovon ich selbst vielleicht nur träumte oder wovor ich mich in Wirklichkeit sogar fürchtete. Ich selbst war Lea, Dora, Bella. Dabei hatte ich weder einen Zwillingsbruder, noch klopfte ein Engel bei mir, noch wusste ich mit neun Jahren, wie es sich anfühlte, geküsst zu werden. In meinen Geschichten aber war es mir möglich, all das zu erleben, um all das zu wissen.

Diese Erfahrung, sie faszinierte mich. Selber schreiben fühlte sich an wie selber lesen, vielleicht sogar noch ein bisschen besser. Weil ich selbst den Hergang der Geschichte bestimmen konnte. Ich entschied und war doch selbst immer wieder auch überrascht, wenn die Figuren, die ich mir ausgedacht hatte, begannen, ein Eigenleben zu führen. Immer mehr geriet ich so in einen Flow. Nicht mehr wichtig schien die Tageszeit, das Wetter, das Mittagessen. Ich saß dort, in dem sieben Quadratmeter großen Zimmer, und war doch gleichzeitig ganz woanders. Und es ging mir gut dabei.

Denn das Schreiben damals war für mich wirklich wie Spielen. Es bedeutete, mich auch mal in der Zeit zu verlieren. Es gab ein paar Spielregeln – Geschichten lassen sich einfach besser schreiben und vor allem später lesen, wenn man sich zumindest ungefähr an ein paar Gesetze von Rechtschreibung und Grammatik hält –, aber viel mehr gab es Spielideen. Und Spielraum. In dem ich die sein durfte, die ich war. Mit den Füßen fest auf dem Boden, mit dem Kopf oft hoch in den Wolken. So verbrachte ich mehrere Stunden pro Woche in diesem kleinen Schreibraum. Manchmal nach der Schule, wenn die Hausaufgaben erledigt waren und der Regen an das Dachflächenfenster trommelte. Oft am Wochenende, wenn wir nichts anderes vorhatten. Besonders häufig in den Ferien, wenn die Zeit ohnehin ganz anderen Gesetzmäßigkeiten zu folgen schien als normalerweise. Wenn ich schrieb, tauchte ich ab. Verlor mich und war doch so eng mit mir selbst verbunden wie in wenigen anderen Situationen sonst.

Vor einiger Zeit erzählte mir ein Vater auf Instagram in einer Direktnachricht, dass seine elfjährige Tochter so gerne Geschichten erfinde. Sie sei eine richtige kleine Autorin, habe so viel Fantasie. Er fragte, ob ich einen Rat hätte, wie man das Geschichtenerzähler-Gen seines Kindes fördern könnte. Mich freute diese Nachricht sehr und ich antwortete ihm erst einmal, wie großartig ich es finde, dass seine Tochter das Geschichtenerzählen für sich entdeckt habe. Aus eigener Erfahrung könne ich sagen, wie bereichernd das für ein Leben sein kann. Auch wenn daraus vielleicht nicht gleich eine Schriftstellerkarriere entsteht. Viel eher gehe es um die Erfahrung: Da steckt etwas in mir, das es hervorzulocken lohnt. Schon beim Lesen der Instagramnachricht habe ich gedacht, wie schön es doch ist, dass auch Kinder in der heutigen Zeit noch Geschichten schreiben wollen – und das unabhängig von einer Schulaufgabe. Denn es ist nicht verwunderlich, dass so mancher kreative Keim bereits dadurch erstickt worden ist, dass das Schreiben vor allem mit Leistung verknüpft wird, mit richtig und falsch. Es freute mich so sehr zu lesen, dass es da irgendwo ein Mädchen gab, wie ich einmal eines gewesen war, das ihre Tage damit zubrachte, Geschichten zu schreiben. Und so schrieb ich, dass ich es für das Entscheidendste hielt, ihr dafür Raum zu geben. Nicht nur ganz wörtlich genommen, sondern auch im übertragenen Sinne. Raum, in dem es sich kreativ denken, sein, schreiben lässt. Ohne Bewertung à la: Das schreibt man so nicht.

Aus meiner eigenen Erfahrung kann ich sagen, was mir selbst als schreibendes Kind gutgetan und mich zum Schreiben ermutigt hatte: die Tatsache, dass ich Zeit zum Schreiben hatte. Und eine Tür, die ich vor meinen neugierigen kleinen Schwestern schließen konnte. Außerdem Stifte in verschiedenen Farben und Stärken, zum Kritzeln und Gestalten, dazu Papier, ruhig auch mal etwas hochwertigeres, einen Computer, den ich alleine benutzen durfte, Musik, die mir zu Soundtracks meines Schreibens wurden, Bücher, die mich überhaupt erst mit der Großartigkeit des Geschichtenerzählens in Berührung gebracht hatten, sowie Disketten zum Speichern meiner Ideen, als Zeichen dafür, dass es sich lohnte, sie zu speichern.

Daneben war entscheidend, dass es Menschen gab, die gern lasen, was ich schrieb, die zuhörten, mich ernst nahmen, sich berühren ließen, sagten: »Daraus binden wir ein Buch, ja?« Sie waren es, die mir das Gefühl gaben: Deine Geschichten sind es wert, erzählt zu werden. Höre nicht auf damit. Wenn es das ist, was du tun willst, was dich glücklich macht, dann tu es.

Und so tue ich das wirklich bis heute. Weil es da einmal einen Raum gab, der mir eröffnet wurde. In dem ich spielen durfte, mich verlieren konnte – und schließlich herausfand, was ich kann, was mich glücklich macht, was ich tun will. Das wünsche ich jedem Kind. Dass es solche Räume findet. Nicht immer muss darin geschrieben werden. Es kann reichen, einen Spielraum anzubieten, der zeigt: Hier ist Platz für dich. Probiere dich aus. Verliere dich und finde so vielleicht heraus, wer du bist.

Mein Wortschatz

Manchmal habe ich Worte im Ohr, die nicht allein meine eigenen sind. Ich habe sie anderswo gelesen, viele, viele Male vielleicht schon. Sie bringen etwas in mir zum Schwingen. Sie weiten mein Herz und erweitern meinen Wortschatz. Ich setze sie in Beziehung zu mir selbst und meinem eigenen Leben. Manche Worte fühlen sich dadurch an wie Wegbegleiter. Ganz verlässlich sind sie Teil der großen Erzählung, die ich mein Leben nenne. Ich trage sie bei mir. Habe sie innerlich aufgelesen und aufgeschrieben, wie auswendig gelernt. Im Englischen ist eine mögliche Übersetzung des Wortes »auswendig« – »*by heart*«. Und genau so fühlen sich diese Worte an. Mein Herz kennt sie genau.

»Sei klug und halte dich an Wunder«, sind solche Herzworte für mich. Sie stammen von Mascha Kaléko. Ich las sie in ganz jungen Jahren und versuche seitdem danach zu leben. Und sie manchmal auch mit denen von Hilde Domin zu verweben: »Und doch, wenn du lange gegangen bist, bleibt das Wunder nicht aus.« Die Worte dieser beiden Dichterinnern, sie machen mich wundernd, wachsam, aufmerksam, lassen mich Ausschau halten, nach Wunderbarem in der Welt und nach dem, was auch meine Wunden verbunden hält.

Meine Schwester schenkte mir zu Weihnachten einmal die Worte: »Wer sich sorgt, leidet zweimal.« Kalligrafiert in einem weißen Bilderrahmen. Gehört hatte sie sie im Film »Phantastische Tierwesen und wo sie zu finden sind«. Sie kamen für mich genau zur richtigen Zeit, und bis heute versuche ich immer wieder, sie zu beherzigen.

Geflügelte Worte sind für mich auch diese: »Fürchte dich nicht.« Als es einmal vieles gab, um das ich mich sorgte und vor dem mir bange war, schrieb ich diesen Satz fünfzig Mal hintereinander auf ein Blatt Papier. Und es war sehr besonders, dass ich dabei merkte, wie etwas immer ruhiger wurde in mir und ich mich schließlich wirklich ein wenig weniger fürchtete.

Es gibt aber auch Worte, die habe ich verinnerlicht, ob ich es will oder nicht. Die nehmen mir die Luft und versperren mir die Sicht. Erinnern mich an mein Kleinsein, flüstern mir was vom Nichtgenügen zu. In der Psychologie spricht man von Glaubenssätzen, die sich häufig schon in der Kindheit in unser Herz pflanzen, darin Wurzeln schlagen, und von denen sich zu befreien auch als Erwachsene noch schwerfällt. Glaubenssätze entstehen meist durch Vorstellungen unserer Familie oder auch der Gesellschaft, in der wir leben, wie wir zu sein oder was wir zu tun haben. Dafür müssen sie gar nicht unbedingt laut ausgesprochen worden sein oder etwa böse gemeint. Bis heute halte ich mich beispielsweise nicht für besonders geschickt. Denke schnell: »Das kann ich eh nicht.« Weil ich als Kind oft zu meinen beiden Schwestern schielte, denen scheinbar jede Art von Handarbeit leicht von der Hand ging. Ganz im Gegensatz zu mir selbst. Glaubenssätze beeinflussen uns in unserer Wahrnehmung von unserem eigenen Wert. Denn wie soll man auch selbstbewusst auftreten, wenn eine innere Stimme immer wieder sagt: »Ich schaff das nicht.« »Ich trau mich nicht.« »Ich gehöre nicht dazu.«

Möglicherweise ist es daher umso wichtiger, dass wir Worte in uns tragen, die dem etwas entgegensetzen. Die uns unseren Wert wiederentdecken lassen. Die lauter sind als diese inneren Stimmen, die immer nur betonen, was wir angeblich alles *nicht* sind. Worte für alle Lebenslagen also. Ich schreibe sie laut aus, liste sie auf, für dann, wenn ich sie mal brauche:

Wenn das Leben kaum mal eine Lücke lässt fürs Durchatmen, lasse ich mir von Astrid Lindgren sagen: »Und dann muss man ja auch noch Zeit haben, einfach dazusitzen und vor sich hin zu schauen.«

Wenn ich Verbundenheit vermisse, flüstert Rose Ausländer mir zu: »Vergesset nicht, Freunde, wir reisen gemeinsam.«

Wenn mir alles ziemlich ausweglos erscheint und ich fürchte, dass etwas nun für immer so bleibt, lass mich von den Predigern erinnern: »Alles hat seine Zeit.«

Wenn mir der Mut fehlt, erzählt mir Hilde Domin: »Ich setzte den Fuß in die Luft und sie trug.«

Und vielleicht sind diese Worte für mein Leben genug.

Mich in Worten verorten

Schreibe ich das Wort *»Advent«* auf Papier, ist es, als öffne sich eine Tür. Ich schlüpfe hindurch und vor mir eröffnet sich eine Welt, die davon erzählt, was mir besonders in Kindertagen so bedeutsam war. Plötzlich ist alles wieder da: die gelben Klebesternchen am Fenster – an jedem Morgen vom ersten Dezember an bis Weihnachten kommt ein neues hinzu. Meine Schwestern und ich drücken abwechselnd einen Stern mit unseren kleinen Fingern an die Scheibe. Im Wohnzimmer leuchtet das Lämpchen des CD-Players. George Winstons *December* läuft. Auf dem Herd steht ein dampfender Topf Kinderpunsch und in der Pfanne daneben brutzeln Apfelringe, die wir gleich mit Zimt und Zucker bestreuen werden. Unter dem großen Spiegel gegenüber der Treppe stehen unsere gepackten Schulranzen für morgen und auf der Fußmatte neben der Tür stellen wir unsere Schuhe auf. Schon jetzt sind wir in gespannter Erwartung, ob der Nikolaus auch in unser Haus käme und seine große Tasche auspackte. Am besten schüttete er sie gleich ganz hinein in unsere Winterstiefelchen, bis sie bis oben hin gefüllt sind, mit Schokolade, Erdnüssen und einem Apfel – und vielleicht sogar einer kleinen Überraschung zum Spielen. Ich ahne damals bereits, dass dieser Adventszauber einmal verblassen könnte, halte deswegen noch eine Weile an ihm fest. Will daran glauben, beteure es daher gegenüber meinen jüngeren Schwestern: Morgen, ja morgen kommt der Nikolaus. Sicher auch in unser Haus.

Wenn ich mich fremd fühle, verloren in dieser Welt und in mir selbst, und das kann ja durchaus mal vorkommen in diesem Leben, dann schreib ich mir ein Zuhause. Berge mich in Geschichten. Finde Vertrautes darin. Schreibe mich zu mir selbst zurück. Verorte mich in Worten.

In diesem Moment tippe ich das Wort »Advent« auf der Tastatur. Die Buchstaben erscheinen auf dem Bildschirm. A-d-v-e-n-t. Jetzt gerade. Hier ist es zu lesen. Und eben noch wusste ich nicht, welche Bilder dadurch zuallererst in mir auftauchen und nun ebenfalls ihren Weg in dieses Dokument, das einmal ein Buch werden soll, finden würden. Ich hatte nur dieses eine Wort im Kopf und merkte plötzlich, was ich schon oft bemerkt habe: Manchmal reicht es wirklich, ein Wort aufzuschreiben. Und mit einem Mal sind da viel mehr Gedanken, viel mehr Gefühle, in diesem Fall viel mehr Erinnerungen, als ich es zunächst für möglich gehalten hatte. Wie bei den Morgenseiten ist es, als schriebe etwas durch mich hindurch und ich käme mir selbst dadurch wieder näher. Weil alles da ist. Auch dieses Helle, Leichte, Kindliche, das ich allzu oft aussperre aus meinen Gedanken. Vielleicht war es eine Weile verschüttet und versteckt. Ich schreibe es wieder hervor. Und so fühlen sich Worte, auch einzelne schon, manchmal wie ein Gerüst an. Für meine Seele. Ein bisschen ist Schreiben dann wie dieses Spiel »Das ist das Haus vom Nikolaus«, bei dem man mit einem Stift die Umrisse eines Hauses auf Papier malt, ohne ihn jedoch ein einziges Mal absetzen zu dürfen. Alles ist verbunden. Genau wie beim Schreiben: Ich verbinde Wort um Wort, wie Strich um Strich, folge meinen Gedanken, ohne einmal abzusetzen, bis es schließlich fertig ist, dieses Haus vom Nikolaus, dieses Wort-Gerüst für meine Seele, diese kleinen Geschichtenberge für mein Herz. Hier weiß ich mich sicher.

Von Herz und Hand geschrieben

Ich glaube, es macht einen Unterschied, ob ich in der U-Bahn eine flüchtige Idee in die Notiz-App meines Handys eingebe, einen langen Text in ein Word-Dokument auf meinem PC tippe oder ob ich etwas mit der Hand aufschreibe. Entscheidend ist wohl vor allem das Tempo. Meine Gedanken sind eigentlich zu schnell für meine Schreibhand. Ich komme mir manchmal selbst kaum hinterher. Das zwingt mich, sehr viel länger bei einem Gedanken zu bleiben, als ich es wohl normalerweise tue. Es ist eine Form der Fokussierung, die meinem ungeduldigen Wesen ganz schön guttut, wenn ich ehrlich bin. Was auch einen großen Unterschied macht: Ich kann viel weniger leicht Worte löschen. Was geschrieben ist, ist geschrieben. ~~Auch, wenn ich es auf Papier durchstreiche, leuchten die Worte unterm Strich hindurch.~~ Vielleicht ist auch das eine gute Übung, ab und zu mal das Verbessern zu lassen. Das Es-immer-noch-schöner-schreiben-Wollen. Klarer und raffinierter. Was geschrieben ist, ist geschrieben. Für diesen Moment gültig und genug.

Dabei mag ich es ohne Zweifel, meinen Fingern dabei zuzusehen, wie sie über die Tastatur fliegen und vor meinen Augen in gleichmäßiger Geschwindigkeit Sätze entstehen. Ich bin dankbar für die Lösch-Funktion und die Möglichkeit, ganze Absätze zu markieren und mit ein paar Klicks an eine andere Stelle zu manövrieren, sodass manchmal ganz neue Sinnzusammenhänge entstehen. Ich bin froh, Dokumente speichern zu können. Früher auf Disketten, später auf Festplatten, heute gar in virtuellen Wolken und wer weiß, wohin in Zukunft noch.

Wenn ich aber persönlich schreiben will – oder es sogar muss, ganz dringend mal wieder –, dann schreibe ich immer mit der Hand. Denn meine Handschrift, sie ist ein bisschen wie mein Fingerabdruck. Unverkennbar, unvergleichlich, ich. Jeder Schwung und jeder Schnörkel auf Papier verrät etwas von mir. Nicht nur die Worte, die dort zu lesen sind, sagen etwas darüber aus, was mich gerade bewegt und beschäftigt, auch die sichtbare Form der Buchstaben tut das. Bin ich unter Druck, zeugt auch der Druck des Stiftes auf Papier davon. Habe ich mehr Zeit, fülle ich auch mehr Seiten. Fühle ich mich gehetzt und gestresst, sieht man das auch meiner Handschrift an, sie ist dann schludriger, die Bewegungen wirken fahriger. Bin ich traurig, schreibe ich rundere Buchstaben. Wie Tränen tropfen sie dann aufs Papier. Schreibe ich von etwas, das mich froh macht, wirkt das Schriftbild klar und irgendwie schön-beschwingt.

Manchmal scheint mir meine Handschrift fast genauso viel über mich selbst zu erzählen wie die Worte, die ich in ihr schrieb. Sie ist Abbild meiner Seele. Wie eine sichtbare Verbindung zwischen Herz und Hand.

Der inneren Kritikerin begegnen

Sie kann flüstern und zischen, ist zynisch, unnachgiebig und manchmal nur furchtbar gemein: die innere, kritische Stimme, die sich beim Schreiben immer wieder in mir regt. Die mich nach jedem Anfang, jedem Absatz, manchmal sogar jedem Satz, fragt: Wie klingt das denn? Denkst du, das will echt jemand lesen? Glaubst du wirklich, das hat vor dir noch niemand geschrieben? Ich an deiner Stelle würde mich echt nicht so wichtig nehmen. Lass das lieber mit dem Schreiben.

Und so ist es immer wieder eine Übung, zu begreifen, anzuerkennen, zu akzeptieren, dass diese Stimme auch »Ich« ist. Sie ist ein Teil von mir, ganz eng mit mir selbst verbunden. Sie speist sich aus meinen eigenen negativen Gedanken. Ihre Energie ist meine Unsicherheit. Meine Zweifel verleibt sie sich ein und spuckt sie mir dann wieder zwischen meine Gedanken. Dort bleiben sie haften. Und es kostet mich Kraft, mich von dieser inneren Stimme loszusagen, ihr nicht die Oberhand zu überlassen, sondern sie ruhig werden zu lassen, verstummen im besten Fall.

Denn diese Stimme ist meine größte Kritikerin – jedoch nicht unbedingt auf eine konstruktive Weise. Sie bringt mich nicht wirklich weiter, sie behindert mich viel mehr. Weil ihre Worte wirken wie Mauern. Sie trennen mich ab vom natürlichen Fluss meiner Gedanken, die mich in einen Flow bringen. Diese Stimme, sie ist ein Staudamm. Sie bringt die Worte zum Stocken, sie versperrt mir die Sicht, nimmt mir jede Weite. Sie macht meine Gedanken eng. So kann ich nicht schreiben.

Was mich tröstet, ist das Wissen, dass nicht nur ich eine solche Stimme in mir habe. Vermutlich kennen alle Kreative sie. Und für uns alle ist es eine Herausforderung, einen guten Umgang mit ihr zu finden.

Immer wieder werde ich in Schreibseminaren gefragt, was man denn dagegen tun könne, gegen diese inneren Kritiker, diese Blockaden im Kopf, diese Störungen des Schreibflows.

Ich glaube, darauf gibt es nicht nur eine Antwort und nicht nur einen Tipp, der sich einfach umsetzen ließe, und schon wären alle Zweifel verschwunden.

Was *mir* hilft, ist, zu begreifen, dass auch die kritischen Sätze meine eigenen sind. Manche mögen geprägt und inspiriert sein von Aussagen, die andere über mich trafen, und die mir zu einer Art Glaubenssätzen oder Triggerpunkten wurden. Die Strenge oder Unnachgiebigkeit, mit der ich sie in meinem Inneren höre, sie erfolgen jedoch meist durch mich selbst. Wenn es mir gelingt, das zu verstehen, bin ich auch leichter in der Lage, mit ihnen umzugehen. Weil ich mich dann traue, ihnen auch mal etwas entgegenzusetzen, mir selbst nicht alles zu glauben, was ich da denke.

So entsteht manchmal eine Art Duell auf dem Papier. Wenn ich nämlich auch die kritischen Sätze mit aufnehme, sie zum Teil eines Textes werden lasse. Für einen Moment entfalten sie dann eine besonders große Kraft. Schwarz auf weiß die eigenen Zweifel zu lesen, das ist nicht ohne, das macht etwas mit mir. Wesentlich ist, nicht allein diese Sätze stehenzulassen. Sondern ihnen wie in einem Streitgespräch etwas zu erwidern, ihnen Kontra zu geben. »Und wo liegt das Problem?« ist einer meiner liebsten Kontrasätze. Weil dadurch das kritische Ich herausgefordert ist, nochmal genau zu benennen, warum es diesen oder jenen Satz denn für so schlecht, so unwichtig, so ichbezogen hält. Auch Fragen nach Konkretisierung können Sinn machen: Wie kommst du darauf? Kannst du mir das genauer erklären? Hast du ein Beispiel für mich?

An manchen Tagen, in manchen Texten, hat mein kritisches Ich wirklich gute Antworten und Ideen für mich parat, verwandelt sich von einem unreflektierten Troll zu einem ernst zu nehmenden Gesprächspartner, ist mir ein willkommenes Korrektiv.

In anderen Auseinandersetzungen wird diese innere Stimme einfach leise, weil sie mir im Grunde keine Antworten geben kann. Die kritischen Sätze bleiben dann nur leere Worthülsen, entpuppen sich als eine allgemeine Verunsicherung, die gar nicht unbedingt etwas mit meinem Schreiben in diesem Moment zu tun hat. In solchen Fällen schreibe ich mich über sie hinweg. Manchmal hilft es, ein gerade geschriebenes Wort einfach ein paar Mal zu wiederholen. Als würde man versuchen, sich damit über eine Schwelle zu schreiben. Es braucht ein paar Anläufe, es braucht erst Schwung, aber plötzlich durchbricht man diesen Wall aus Worten und es fließt wieder.

Gegen verspannte Muskeln hilft Pferdesalbe oder Physiotherapie. Wichtig ist in jedem Fall, nicht in der Erstarrung zu verharren, sondern sich zu bewegen – ganz besonders jetzt. Ähnliches gilt auch bei Schreibblockaden. Wer sofort allen kritischen Stimmen Glauben schenkt und den Stift gleich wieder fallen lässt, wird vielleicht nie herausfinden, wie viel Kraft das Schreiben hat, wie viel Freude es macht, wie weit die eigene Fantasie doch reichen kann. Es geht darum, in Bewegung zu bleiben. Entweder wortwörtlich, indem man mit dem Stift Schwünge auf Papier malt oder Worte wieder und wieder schreibt, bis die Blockade sich schließlich löst – oder aber, indem man bewusst den Schreibplatz verlässt und etwas dem Schreiben scheinbar Gegensätzliches tut: die Wäsche von der Leine abnehmen, Socken zusammenlegen, die Spülmaschine ausräumen, duschen gehen, Eierkuchen backen. Das Gehirn scheint in dieser Zeit eine Gedankenpause zu machen. Es ist einzig mit einer gleichförmigen Tätigkeit beschäftigt, und das schafft Freiräume für neue Einfälle. So kann es passieren, dass ich plötzlich alles stehen und liegen lassen muss, um doch nochmal schnell zum Schreibtisch zurückzueilen und eine Idee zu notieren, die mir kam, während ich Löffel in eine Schublade sortierte.

Neue Ideen kommen mir oft auch beim Spazierengehen. Immer dann nämlich, wenn mein Blick sich auf etwas anderes richtet als auf den Bildschirm und den blinkenden Cursor vor mir, der nur darauf zu warten scheint, dass ich endlich das nächste Wort tippe. Besonders inspirieren mich Umwege. Weil sie mit

Überraschungen aufwarten, meine Neugier wecken, und meine Aufmerksamkeit erfordern. Anstatt etwa den kürzesten Weg zum Einkaufen zu nehmen, wähle ich manchmal bewusst den interessantesten. Ich wechsle öfter mal die Straßenseite. Komme am Kindergarten vorbei und an der kleinen Kirche. Streife über den Friedhof oder quer durch eine Pfütze. Meine Lebens- und Arbeitssituation bietet in der Regel gar nicht so viele Anlässe, das Haus zu verlassen. Aber mein Herz verlangt danach. Und mein Kopf. Nach stundenlanger Schreibtischzeit brauche ich frische Luft. Eine andere Aussicht. Eine Versicherung: Die Welt ist voll von Geschichten. Hier sind sie zu finden.

Zurück zu Hause, packe ich sie aus: die Begegnung mit der Blumenhändlerin, mit der ein kleines Gespräch entstand: »Man darf sich auch selbst mal was Gutes tun. Einfach, weil es doch schön ist, dass man immer noch am Leben ist«, sagte sie zu mir. Diese Haltung findet ihren Platz auf meinem Papier.

Zwischen die Zeilen fliegt außerdem der Schmetterling aus dem Nachbarvorgarten und mit ihm die Erinnerung an den Besuch meiner französischen Austauschschülerin vor vielen Jahren. Wir verglichen das deutsche Wort »Schmetterling« mit dem französischen *papillon* und schon damals musste ich zugeben, dass letzteres diesen feinen Geschöpfen vom Klang her doch sehr viel gerechter wird. Und so überlege ich, ob es nicht Sinn ergeben könnte, sich viel öfter Worte aus anderen Sprachen zu leihen, wenn die eigene nicht auszureichen scheint, um das auszudrücken, was man gern ausdrücken möchte.

Und dann ist da noch dieses Straßenschild, an dem ich vorbeiging: »Wochenendweg« stand darauf. Es wird zum Anlass für einen kleinen Text über die Menschen, die in diesem Weg wohnen könnten. Ob sie wohl entspanntere, freiere Zeitgenossen sind, einfach, weil sie in einer Straße wohnen, die einen Namen wie ein Lebensgefühl trägt?

»Man muss erst zum Leben aufstehen, bevor man sich niedersetzt zum Schreiben«, schrieb der amerikanische Schriftsteller und Philosoph Henry David Thoreau. Was die Überwindung von Schreibblockaden angeht, ist meine Erfahrung, dass das stimmt. Die Worte fließen leichter, wenn ich mich zwischendurch eine Weile vom Schreibtisch wegbewege. Erfahrungen nehmen dann Einfluss auf das, was ich zu Papier zu bringen versuche. Das Leben selbst inspiriert mich immer noch am meisten. Und auch meine inneren Stimmen, die oft lautstark alles kritisieren, scheinen weniger bedeutsam, wenn ich ihnen eine Zeit lang weniger Beachtung schenke. Vielleicht werden sie am Ende sogar ganz verträglich und müssen kleinlaut zugeben: Gar keine so schlechte Idee, meine Liebe. Könnte von mir sein. Halt die besser mal fest.

Mir selbst auf die Spur kommen

Ich mag Listen. Ich sammle darin das, was ich behalten will, was ich erwähnenswert finde, was mich nachdenklich macht. Listen sind mir eine Gedankenstütze, sie schaffen Struktur und Ordnung, aber sie können auch unter Druck setzen: dann nämlich, wenn sie vor allem dafür geschrieben wurden, abgearbeitet zu werden. Punkt um Punkt. Und da so oft das Gefühl bleibt, es wieder nicht geschafft zu haben. Weil so viel Liste übrig ist und nur so wenig Tag.

Immer wieder schreibe ich daher auch Listen, die anders sind als die klassische Auflistung meiner zu erledigenden Aufgaben. Die Klarheit der Form hilft mir dabei, klarzukommen, sie führt mir etwas vor Augen, einfach ersichtlich. Weil ich ein Mensch bin, dem Struktur Sicherheit gibt, fällt es mir leichter, mich an etwas zu orientieren, wenn es übersichtlich aufgeschrieben ist. So ist etwa eine meiner Lieblingslisten die *»It's okay to«*-Liste. Ich entdeckte sie einmal auf Instagram, in Form einer Grafik der Künstlerin Liana Finck. In wenigen Stichworten listete sie auf, was okay sei, zu tun – oder aber auch *nicht* zu tun. Für mich las sich das wie eine unglaublich erleichternde Erlaubnis. Standen dort in englischer Sprache doch vor allem Dinge notiert, die vermeintlich banal klangen, deren Befolgung aber einen echten Unterschied machen könnte. Ich übersetzte die Liste in meine Sprache, in mein Leben. Dann klang sie so:

Es ist okay

- nicht zurückzuschreiben, wenn mir gerade nicht danach ist
- eine Mail nicht gleich zu beantworten, wenn ich noch gar keine Antwort weiß
- den Zoom-Raum zu verlassen, wenn ich es will und brauche
- keine Urlaubspostkarten zu verschicken (und auch keine Weihnachtskarten)
- nicht überall dazuzugehören
- keinen Smalltalk führen zu wollen
- nicht allen zu gefallen
- nicht alles zu können
- nicht immer auszusehen, als würde es mir gut gehen, wenn dem gar nicht so ist
- einer Empfehlung nicht zu folgen (und deswegen ein Buch, einen Film, eine Serie nicht zu kennen, auch wenn alle anderen das zu tun scheinen)
- etwas anderes zu tun, als es von mir erwartet wird
- nicht immer etwas unternehmen zu wollen
- nicht immer die richtigen Worte zu finden
- zu einer Einladung keine selbstgemachte Lasagne mitzubringen (und keinen selbstgebackenen Kuchen und keine selbstgenähte Wimpelkette)
- das Telefon auszuschalten und nicht jederzeit erreichbar zu sein
- den Laptop auszumachen
- rauszugehen
- zu atmen. Ein-und-aus-ein-und-aus. Manchmal nicht mehr als das.

Ein paar schlichte Stichworte auf Papier, könnte man meinen. Alltägliche Dinge, keine großen Sachen. Für mich jedoch trug diese Liste mit der immer wiederkehrenden Einleitung »Es ist okay« ein entlarvendes Moment in sich. Es zeigte mir buchstäblich, wie selbstverständlich ich permanent Dinge tat, von denen ich dachte, man würde sie von mir erwarten, und wie oft ich dadurch gegen meine eigentlichen Bedürfnisse handelte. Das einmal in schriftlicher Form vor mir zu sehen, verhalf mir zu einem neuen Bewusstsein darüber. Auch wenn ich vielleicht nicht gleich mein ganzes Verhalten änderte, immer öfter schlich sich diese Zeile in meine Gedanken: »Es ist okay.« Als wenn ich auswendig gelernt hätte, was mein Inneres im Kern braucht – und deswegen nicht jedes Mal neu darüber nachdenken muss. Seitdem ich es aufschrieb, gelingt es mir öfter, es mir selbst zu erlauben. Punkt um Punkt.

Das hilft mir, mein inneres Gleichgewicht wiederzufinden, und bleibt doch stetig auch ein Abwägen zwischen Soll und Ist. In jedem Fall inspiriert mich diese Liste immer wieder zur Überprüfung meiner eigenen Grenzen. Sie lässt sie mich neu abstecken. Sie gesteht mir etwas zu, sie gesteht mir *mich* zu, und das, was ich will und brauche. Manchmal tue ich natürlich trotzdem Dinge, von denen ich aufgeschrieben habe, es sei okay, sie nicht zu tun. Aber ich versuche, mir dann klarzumachen: Jetzt gehe ich über meine Grenze. Jetzt handle ich gegen mein eigentliches Bedürfnis. Jetzt wird es bald wieder Zeit, auf mich selbst aufzupassen. Sonst kippe ich irgendwann um. So ist mir meine »It's okay to«-Liste gleichermaßen Erlaubnis und Erinnerung: Ja, es ist okay, »Nein« zu etwas zu sagen – und manchmal doch auch »Ja«, aber da gibt es auch dieses »Aber«. Es meint: Für alles gibt es eine Zeit. Kräfte sind begrenzt. Kapazitäten auch. Achte deine Intuition, hör auf deinen Bauch. Dein Wert bleibt unberührt davon, wie viele To-dos du am Tag abgearbeitet hast oder wenn du etwas vermeintlich wieder nicht geschafft hast. Unterm Strich geht es um dich, dein Leben, deine Kraft. Es nützt niemandem, wenn du immer gegen deinen eigenen Willen gehandelt hast. Vergiss das nicht.

Der Engel im Marmor

Irgendwann war da diese Frage: Woher kommen die Worte, die ich aufschreibe, eigentlich? Und wem gehören sie? Also wirklich? Darf ich sie mir leihen, sie aneinanderreihen, bis daraus etwas Eigenes entsteht? Ist nicht im Grunde alles, was wir schreiben, auf die eine oder andere Weise immer auch inspiriert von anderen, die Worte vor uns fanden? Gibt es wirklich noch Worte, die nie zuvor gesagt oder geschrieben wurden? Wie finde ich zu meinem Ausdruck? Wie finde ich Poesie?

Schon oft bin ich über zwei Sätze gestolpert, die dem Bildhauer Michelangelo in den Mund gelegt werden. Der eine: *»Ich sah den Engel im Marmor und habe gemeißelt, bis ich ihn befreit habe.«* Der andere: *»Nur Gott schöpft. Der Rest von uns kopiert nur.«* Diese Haltung, sie macht mich neugierig: Ist das so? Dass im Grunde schon alles da ist? Genug geschöpft? Und die Kunst ist es nun, aufzuspüren, was noch im Verborgenen liegt, und es zu befreien, damit es sichtbar wird? Und dabei orientieren wir uns wiederum stets auch an dem, was es schon gibt?

Ich bin noch nicht zu einer abschließenden Antwort gekommen. Aber die Frage interessiert mich wirklich. Weil es manchmal ganz so scheint: Alles ist schon da. Aber nicht alles wird zu jeder Zeit sichtbar. Vielleicht kann das Schreiben eine Annäherung sein an das, was noch im Verborgenen liegt. Schreiben ist dann ein bisschen wie Meißeln: Im Marmor steckt schon der Engel, Worte bringen ihn hervor, verleihen im Flügel.

Es gibt sogar Schreibtechniken, die genau das tun: Aus schon Vorhandenem etwas Neues machen. Sie suchen nach dem, was versteckt ist, in einem Text. Sie fragen nach Resonanz: Was bringt der Text in mir zum Klingen? Sie zeigen: Es gibt immer noch mehr Möglichkeiten, etwas zum Ausdruck zu bringen. Ein Text ist selten nur ein Text, sondern oft auch Kon-text. Verwoben und verwirkt mit dem, was ihn umgibt, ihm zugrunde liegt. Und damit auch erweiterbar.

Eine dieser Techniken ist die sogenannte *Blackouting Poetry*: Ein geschwärzter Text wird zu einer Art visuellem Gedicht. Diese Poesie folgt einer längeren Tradition von künstlerischen Ausdrucksformen, denen die bewusste Verwendung und Weiterverarbeitung bestehender Materialien eigen ist. Vor allem bekannt ist sie auch durch die *Newspaper Blackout Poetry* des US-amerikanischen Schriftstellers Austin Kleon, dessen Buch *Steal like an artist* übrigens sehr zu empfehlen ist. Ein *Blackout Poem* entsteht, indem ein bestehender Text mit einem schwarzen Stift, am besten eignet sich ein Filzschreiber mit sehr breiter Mine, bearbeitet wird: Sämtliche Worte, die einem nichts sagen, die also keine wirkliche Resonanz erzeugen, werden großzügig gestrichen, geschwärzt, geblackoutet. Die spannende Frage ist: Was bleibt stehen? Was entsteht auf diese Weise?

Allein der Anblick eines nahezu gänzlich aus schwarzen Balken bestehenden Textes erzeugt schon eine gewisse Wirkung. Vor allem, weil das die Aufmerksamkeit auf das richtet, was zwischen dem Schwarz hell hervorleuchtet. Diese Technik, sie kann eine Fokussierung bedeuten, vielleicht auch eine Reduzierung: Worum geht es? Was ist wesentlich? Was hat Bestand? Zumindest in diesem Moment, in dem diese neue Poesie entstanden ist.

So schwärzte ich einmal in einem Schreibseminar nichts Geringeres als einen Ausdruck des Bibeltextes Prediger 3,1–15, auch bekannt als »Alles hat seine Zeit«, in der Gute-Nachricht-Übersetzung. Zunächst zögerlich, strich ich schließlich immer mehr Worte. Nicht, weil ich vorhatte, die Bibel umzuschreiben, sondern weil ich mich auf diesen alten, vertraut geglaubten Text in neuer Weise einlassen wollte. Es war, als führe ich einen Dialog mit ihm, in dem es ehrlich um die Frage ging: Welche Worte sprechen in diesem Moment zu mir?

Am Ende blieb Folgendes stehen: *Alles eine Ahnung von Gott. Gute Nachricht.*

Versteckt war diese Zeile in Prediger 3,1–15. Durch das Schwärzen der meisten anderen Worte leuchtete diese Botschaft für mich hervor. Ich ging anders damit weiter. Es war, als hätte sich mir etwas in einer Klarheit offenbart, was ich sonst immer überlesen hätte. Beim Schwärzen der übrigen Zeilen ging es nicht um deren Abwertung, sondern um das Hervorbringen einer Zusage, die für mich von großem Wert war. Freigelegt wie ein Engel im Marmor.

Vielleicht ist etwas dran: Alles ist schon da. Die Kunst ist es, es zu sehen. Und damit umzugehen. In der ganz eigenen Art und Weise. Es freizulegen, es an die Oberfläche zu bringen und in einen eigenen Kontext. Es geht darum, zu vervielfältigen, was es schon gibt. Kopieren könnte man das nennen, vielleicht liegt die Betonung aber eher auf der Vielfalt: Aus etwas mehr machen. Weiteres machen. Anderes machen. Zeigen: Hier ist mehr möglich. Hier steckt mehr drin. Wem gehören die Worte? Niemandem. Oder uns allen?

Der Sound des Schreibens

Neben meinem Laptop liegt ein kleines Kästchen mit Kopfhörern darin. Es ist ein Utensil, das mein Schreiben begleitet, und zu dem ich immer wieder greife. Vor allem dann, wenn die Welt um mich herum zu laut wird, ich meine eigenen Worte darin kaum noch verstehen kann, stecke ich mir die kleinen Stöpsel in die Ohren und tauche für ein paar Minuten ab. Tauche ein in Musik. In Melodien und Rhythmen. Sie tragen mich davon. Ich folge ihrer Tonspur. Lasse mich bewegen, zumindest innerlich, von einer Stimmung, die sie transportiert. Manchmal ermöglichen mir die Lieder, die ich höre, eine kurze Flucht vom Schreibtisch – noch öfter aber werden sie zu einem Soundtrack für mein

Schreiben. Einmal schrieb ich von einer ersten Begegnung von zwei Menschen, die sich später ineinander verlieben würden. In einer Straßenbahn. Im Schneegestöber. Dabei hörte ich eher zufällig Vivaldis Winter und ertappte mich dabei, wie meine Finger im Rhythmus des Violin- und Flötenspiels immer schneller über die Tastatur flogen, und wie das, was da zwischen den beiden Personen, über die ich schrieb, immer mehr Tempo aufnahm. Fast fühlte es sich an, als würden Schneeflocken zwischen meinen Worten umherwirbeln. Lese ich jetzt diesen Text von damals, habe ich Vivaldi im Ohr. Höre ich jetzt Vivaldi, denke ich an diese Winterliebesgeschichte von damals.

Musik ist mir immer wieder eine Inspiration. Oft der Anfang meines Nachdenkens über ein Thema, ein Lebensgefühl, eine Geschichte, die noch nicht erzählt wurde. Manchmal bleibt mir eine gehörte Melodie im Ohr und bietet mir einen Klang an, wie einen Anfang: So könnte der Sound dieses Textes sein. Auch Liedzeilen sind manchmal Ursprung eigener Zeilen. Manchmal tausendmal gehört – und tausendmal ist nichts passiert: Und dann doch. Auf einmal bekommt ein immer wieder gehörter Halbsatz eine neue Bedeutung, führt mich auf meine eigene Text- und Tonspur.

Englische Texte inspirieren mich manchmal dazu, eine Übersetzung zu finden – nicht nur wortwörtlich, sondern hinein in eine eigene Lebensrealität: Wie kann das, was Coldplay in ihrem Lied *Fix you* singen, dann noch klingen? Zu Weihnachten zum Beispiel? Welche Lichter führen uns dann heim? Wer kommt mit uns rein, ins Haus? In unser Herz? Wer versucht, uns heil zu machen? Wer kennt unsere Müdigkeit, das, was in uns gebrochen ist, den Schmerz?

Musik transportiert Gefühl. Manchmal vielleicht noch mehr, als Worte das könnten. Und so mag ich so gerne das Zusammenspiel aus beidem: Melodien und Texte. Wie Hand in Hand gehen sie ins Ohr, finden dadurch manchmal leichter den Weg zu unsere Herzen. Das ist auch ein Grund, warum ich so gerne

Lesungskonzerte mag. Worte, hineingesprochen zunächst in eine Stille und dann gesellt sich eine Melodie dazu und beides gleicht sich aneinander an. Auf einmal ist da eine verbindende Tonalität, die noch mehr zum Ausdruck zu bringen weiß als beides nur für sich genommen. Vielleicht ist das vergleichbar mit dem Effekt bei Horrorfilmen: Schalte ich bei einer besonders gruseligen Szene den Ton ab, erscheint mir das, was da auf dem Bildschirm passiert, viel weniger gruselig. Es ist, als fehlte etwas.

Wenn gerade keine Musik da ist, kann auch die eigene Stimme an diese Stelle, in diese Stille treten: Denn ob Worte nur still gelesen oder aber laut vorgelesen werden, macht einen Unterschied. Ich füge noch eine Komponente hinzu, gebe den Worten noch ein wenig mehr von meiner Persönlichkeit, wenn ich sie vorlese. Dann kann ich sie flüstern, zischeln, schreien, fragen oder auch versuchen, sie ganz neutral zu sagen. Meine Stimme spielt mit den Worten. Durch die jeweilige Betonung gebe ich ihnen eine zusätzliche Bedeutung. Ich mache das furchtbar gerne. Und was vielleicht ein bisschen sonderbar klingen mag, und für mich doch so sehr dazugehört: Ich schreibe fast immer sprechend. Auch diesen Text gerade. Während ich die Worte tippe, lese ich sie mir selbst laut vor. Schreibe, lese, lösche, lese nochmal, schreibe nochmal, lese nochmal, setze schließlich einen Punkt. Ich tue das erst, wenn die Sätze für mich nach dem klingen, was ich sagen will. Nicht bloß in ihrer wörtlichen Bedeutung, sondern auch auf einer anderen Ebene. Wird deutlich, welches Gefühl ich beim Schreiben habe? Hört man den Worten beim Lesen – leise oder laut – an, in welcher Stimmung sie geschrieben wurden? Sind sie nachdrücklich, zögerlich, fragend oder humorvoll gemeint?

Schreiben und Sprechen, das gehört für mich ganz eng zusammen. Denn bei beidem höre ich mir zunächst selbst zu. Und werde damit aufmerksam. Lausche genau hin. Ist es das, was ich sagen will? Braucht es noch andere Worte? Andere Zeichen? Einen Doppelpunkt, ein Fragezeichen?

Durch dieses sprechende Schreiben entstehen Zeilen auf Papier, vielleicht findet dadurch aber auch so etwas wie eine grundsätzliche Lebensmelodie ihren Ausdruck. Wort um Wort, Ton um Ton schreibt sie sich fort. Wirkt im Moment ihres Entstehens oft noch ganz fragil und unvollständig. Das merke ich besonders, wenn plötzlich jemand überraschend den Raum betritt, in dem ich schreibe. Dann fühle ich mich wie in einem vertraulichen Gespräch unterbrochen. Irgendwie belauscht. Dann bricht meine Stimme, ich verstumme. Weil diese Worte, in dem Moment, in dem ich sie schreibe, in dieser Rohfassung, noch für kein anderes Gehör bestimmt sind als für mein eigenes. Zu nah sind sie an mir dran. Sie laut auszusprechen, ist für mich selbst ja schon manchmal eine Überwindung. Erst später kann ich sie loslassen und entscheiden, für welche Ohren, welche Augen sie bestimmt sind. Andere werden ihre Worte und Gedanken hinzufügen, ihnen ihren Sound geben. Vielleicht klingt er ganz anders als meiner. Jetzt gerade aber sind die Worte noch ganz meine. Ich schreibe, lese, lösche sie. Schreibe neue, lese noch einmal, höre auf ihren Klang, ihren Nachhall, lasse sie schließlich stehen. Setze einen Punkt. Mit der Stimme gehe ich herunter. Für jetzt ist alles geschrieben. Vielleicht klingt manches nach.

Vom Schreiben und vom Sein

Als Schreibende bin ich …

… Urheberin. Ich hebe etwas Ursprüngliches. Wie einen Schatz. Lang verborgen, vielleicht schon immer da. Worte sind mir kostbar. Sätze und Geschichten auch. Ich weiß sie so zu schätzen.

… Detektivin. Ich spüre Worte auf. Suche Spuren. Kombiniere. Weise hin. Entdecke Verstecktes, versuche, ein Geheimnis zu verstehen. Manchmal komme ich mir dabei selbst neu auf die Spur.

… Chronistin. Ich halte die Zeit fest. Bevor sie vergeht. Dabei bemühe ich mich um Genauigkeit und bin doch selbst auch Teil der Zeit.

… Erfinderin. Ich finde Worte und Geschichten – und manchmal dichte ich noch ein bisschen was Eigenes dazu. So, dass etwas Neues entsteht. Manches davon bleibt scheinbar ohne Beachtung, anderes macht einen Unterschied. Es schreibt etwas fort und entwickelt sich weiter. Es findet sich. Und mich.

… Übersetzerin. Ich übersetze meine Wahrnehmung der Welt in Worte. Dabei suche ich nach einer Sprache, die auszudrücken vermag, was ich auszudrücken versuche. Dadurch wird mir Fremdes vertrauter, dadurch weitet sich mein Blick. Auf dieses Leben. Und darauf, wie schön es doch ist.

Liebe Freiheit!

Ich feier dich. Weil du ermöglichst, was möglich ist – und manches Unmögliche auch. Du beflügelst meine Fantasie. Durch dich kennt sie keine Grenzen.

Und so ist mir der Schwung meines Stiftes meine liebste Freiheitsbewegung. Nicht hoch genug zu schätzen, dieses Gut: Sagen, denken, schreiben zu dürfen, was immer ich möchte.

Ich bin dankbar für so viel Freiraum. Zum Buchstabieren und Fabulieren. Für Innovation und Tradition. Beides miteinander verbunden. In aller Freiheit darf es sein. Dazu lade ich auch andere ein.

Gleichzeitig lässt du mich Verantwortung fühlen. Einen Auftrag: Nicht nur auf mich selbst zu schauen, sondern auch auf das, was hinter die Ränder reicht, die mein kleines, heiles Leben begrenzen.

Du ermutigst zum Mut. Lässt mich meine Stimme erheben und willkommen heißen, wer und was immer auch kommen will. So ist es gut.

Deine Hanna

Das Leben beim Wort nehmen

Freiheit ist ein Verb

Im März 2022 besuche ich mit zwei Freundinnen eine Premiere in der Berliner Schaubühne. Philosophin und Publizistin Carolin Emcke stellt im Gespräch mit der Literaturwissenschaftlerin Insa Wilke ihr neues Buch »Für den Zweifel« vor. Ich empfinde diesen Abend in vielerlei Hinsicht als besonders. Zum einen, weil es für mich das erste Mal seit Beginn der Coronapandemie ist, dass ich mich mit vielen Menschen in einem Theatersaal versammle, zum anderen, weil das Gespräch auch vom Einfluss der aktuellen Weltlage bestimmt ist: Es herrscht Krieg zwischen Russland und der Ukraine, die Corona-Zahlen in Deutschland sind hoch wie nie, der Klimawandel vollzieht sich unaufgehalten weiter, um nur drei große Themen zu nennen, von denen die Nachrichten derzeit berichten. Und so sitze ich da, neben meinen Freundinnen, inmitten von vielen anderen und höre zu. Wie sich da zwei Frauen auf der Bühne unterhalten, Kluges formulieren, ihr Nachdenken über die Welt teilen, transparent machen, was sie bewegt, besorgt, bestürzt. Und ich bin Zeugin dessen und gleichzeitig Teil davon, weil das, was gesagt wird, in mir nachhallt und etwas mit mir macht. Manchem stimme ich zu, manches verstehe ich nicht gleich, manches macht mich neugierig, mehr darüber zu erfahren. Nichts von diesem Abend zieht einfach spurlos an mir vorüber. Alle meine Antennen sind auf Empfang geschaltet, was an der Besonderheit der Situation liegen mag, zwei Jahre lang nicht wirklich an einer kulturellen Veranstaltung teilgenommen zu haben, vielleicht sind es auch die Themen, die besprochen werden, vielleicht die Art, wie darüber gesprochen wird. Ich bin jedenfalls ganz Ohr. Besonders auch dann, wenn das Gespräch für ein paar Minuten unterbrochen wird und Carolin Emcke über ihren Laptop Musik abspielt. Vier ausgewählte Lieblingsstücke der Publizistin, pointiert gesetzt im Laufe des Abends, für uns alle laut vernehmbar durch die Boxen im Theatersaal. Ich habe Gänsehaut, während die Stücke laufen. Einmal wegen der Musik an sich, Melodien oder Texten, einmal wegen des Erlebnisses, mit mehreren hundert Menschen gleichzeitig ein Musikstück zu hören, das nicht live eingespielt ist. Kein Orchester ist im Raum, keine Band, wir hören Musik sozusagen aus der Büchse. Wann macht man das gemeinsam mit so vielen anderen?

Der Abend bleibt mir in Erinnerung. Zwei Stunden lang bin ich spürbar Teil einer Gemeinschaft von Hörenden. Wir alle reagieren auf die Worte und die Musik, die dort mit uns geteilt werden, doch wir tun das zunächst wortlos. Später werden wir miteinander darüber sprechen, was in uns nachklingt. Viele werden nicht gleich nach Hause gehen. Im Foyer wird sich eine Schlange vorm Signiertisch bilden. Ich lausche den Gesprächen der Anstehenden. Wortfetzen dringen an mein Ohr. So manches angesprochene Thema wird diskutiert, so mancher Eindruck der beiden im Scheinwerferlicht Sitzenden wird ausgetauscht, vor allem aber höre ich an verschiedenen Stellen ein Summen und Singen: Das letzte Stück, das Carolin Emcke für den Abend auswählte, die letzte Musik, die wir miteinander hörten und die wie der Abspann der Veranstaltung wirkte, war das Lied *Freedom is a verb* von Daniel Kahn&Painted Bird. Übersetzt heißt das: »Freiheit ist ein Verb«, ein Tunwort, wie wir in der Grundschule sagten. Im Foyer der Schaubühne, auf der Damentoilette und bei den Garderoben scheint das Lied vielen nicht mehr aus dem Kopf zu gehen. Es ist ein Ohrwurm, der sich festgesetzt hat. Von überall her klingt immer wieder leise der Refrain nach: *»It's a verb, it's a verb, freedom, is a verb. Something never finished, never done! It's something you must make, it's something you must take, it's something you must constantly become.«*

Ich sitze schon in der U-Bahn nach Hause, als es auch in meinem Kopf einfach nicht aufhören will, zu singen. Zu einprägsam scheinen Melodie und Text, zu bedeutsam diese Worte im Kontext unserer Zeit. Und ich komme nicht umhin, darüber nachzudenken, welch kollektive Kraft Worte entfalten und welche Resonanz sie erzeugen können. Ein wenig unterstützt durch eine eingängige Melodie klingen sie nach, tragen sich weiter, singen und setzen sich fort, führen vielleicht zu einer anderen Haltung. Zuerst summen wir sie, dann singen wir sie, dann sagen wir sie, dann leben wir sie: Freiheit ist ein Tunwort.

Tür auf, Texte schreiben, Leben teilen

Es kam der Moment, da schrieb ich nicht mehr nur für mich allein. Da wurde aus meiner Erfahrung, wie wohltuend, wie heilsam, wie klärend, wie kraftvoll das Schreiben sein kann, der Wunsch, das auch mit anderen zu teilen. Auch anderen davon zu erzählen, wie wertvoll es ist, der eigenen Lebensgeschichte Ausdruck zu verleihen – mindestens auf dem Papier.

Und so entstand meine Idee, genau dafür Räume zu eröffnen. Wortwerkstatt, nannte ich das.

In meiner Vorstellung existierte ein Ort, der Menschen dazu einlud, ihr Leben ins Wort zu bringen. Und zwar ohne Bewertung und Korrektur von außen. Es sollte nicht um richtiges oder falsches Schreiben gehen. Sondern darum, dem eigenen Leben als solchem einen Wert zu geben. Genau so, wie die Menschen davon erzählen würden, sollte es gut sein und immer genug.

Willkommen sollten alle sein, die Freude am Schreiben haben könnten oder einfach neugierig darauf, zu erfahren, welche

Geschichten in ihnen selbst schlummerten und wie es gelingen könnte, genau diese hervorzulocken. Dafür sollte es Zeit geben. Und Inspirationen. Impulse, die es leicht machen, mit dem Schreiben zu beginnen. Außerdem wollte ich in meiner Wortwerkstatt einen geschützten Rahmen für diese Art des Schreibens bieten. Die Möglichkeit, begleitet zu werden. Ich hatte ja selbst die Erfahrung gemacht, wie überraschend so manche Erkenntnis über mich selbst aufs Papier geflossen war, und ich stellte mir vor, dass das auch die Gefahr von Überforderung in sich tragen könnte. Für diese Momente sollte es ein Geländer geben. Wer ins Wanken geriet, Halt suchte, dürfte sich daran festhalten. In aller Freiheit. Mindestens eine Person bräuchte es daher, die zum Gegenüber werden könnte, wenn jemand mit dem, was durch das Schreiben erfahren wurde, nicht allein bleiben wollte.

Und dann stellte ich mir diese Wortwerkstatt auch noch als einen Ort mit einer anregenden Atmosphäre vor. Hell sollte er sein. Mit vielen Fenstern und der Möglichkeit, rauszugehen, die Gedanken schweifen zu lassen, einen weiten Blick auf die Welt zu erhaschen. Es sollte alles bereitliegen, was die Menschen, die zum Schreiben kamen, so brauchen könnten. Sie sollten sich umsorgt und versorgt wissen, einfach kommen können, woher sie eben gerade kamen und wie sie eben gerade waren.

Stifte, Stempel, Papier, Notizhefte, Bilder, Bücher und Blumen – alles sollte für sie bereitet sein. Dazu guter Kaffee. Und Tee aus schönen Tassen. Wein und Limonade. Schokolade, Erdbeerkuchen oder Martinsbrezeln – je nach Jahreszeit. In der Mitte des Raumes ein großer Tisch, an dem alle ihren Platz finden würden. Außerdem bequeme Stühle, Sessel, ein Sofa. Es sollte Worte zum Pflücken geben, an einer Wäscheleine hängend, einmal durch den Raum gespannt. Kerzenlicht in den Fenstern. Dazu Musik. Vielleicht einen Raum für mehr Rückzug. Einen Raum der Stille, eine Kapelle, einen Garten. Jedenfalls alles so, dass man sich wohlfühlen kann. Willkommen.

Das Gute war: Ich fand eine Komplizin, Stefanie Gruner, eine Seelsorgerin aus Essen, der ich als Erstes von dieser Idee erzählte und die daraufhin wirklich gemeinsame Sache mit mir machen wollte und mit der zusammen ich 2017 die erste Wortwerkstatt eröffnete, in der Menschen tatsächlich zum Schreiben kamen.

Und ich staune manchmal immer noch sehr und bin dankbar, wie es gelang, dass all diese Bilder und Vorstellungen in meinem Kopf wirklich Wirklichkeit wurden. Sich immer noch weiterentwickelten. Wie viele Menschen mit der Zeit dazukamen, blieben und mitschrieben. Dass es nicht bei einer Komplizin blieb, sondern dass auch andere zum Gegenüber wurden, ein Geländer anboten, an dem sich viele festhielten. Manchmal auch ich.

Diese Orte für Worte, diese Lebensgeschichtenräume, es gibt sie heute.

Eigentlich bin ich Eisverkäuferin

In meiner Rolle als Leiterin von Schreibseminaren fühle ich mich manchmal – vor allem zu Beginn – wie eine Eisverkäuferin. Mit meinem kleinen Eiswagen komme ich in die Straße gefahren. Schon von weitem ist das Eiswagenläuten zu hören. Erwachsene erscheinen an den Fenstern, halten Ausschau, wer da um die Ecke biegt, Kinder stehen schon Schlange. Die Auslage des Wagens ist gut gefüllt, das Sortiment sehr breit, die Wahl kann schwerfallen: Weil vieles sehr verlockend aussieht. Farbenfroh und geschmackvoll. In jedem Fall könnte es erfrischend sein, vom Angebot zu kosten. »Was darf's sein?«, frage ich und stelle vor, welche Sorten in meinem Wagen zu finden sind. Manche entscheiden sich für Vertrautklingendes, wählen eher Schokolade und Vanille als Mandel-Honig-Nuss oder Erdbeer-Basilikum. Andere sind experimentierfreudiger, wollen mal was wagen, etwas gegen ihre sonstigen Gewohnheiten versuchen. Für alle habe ich auch Probierkugeln im Angebot. Die gehen aufs Haus. Jedenfalls bleiben keine Waffel und kein Becher leer. Manche entdecken eine Lieblingssorte aus Kindertagen wieder – »Das hab ich früher schon so gern gemocht, aber ewig nicht gehabt« –, andere kommen auf ganz neue Geschmacksrichtungen. Und so gehen sie schließlich weiter: schmeckend und schleckend. Sie hinterlassen nicht selten getropfte Spuren auf der Straße, drehen sich nochmal um, winken und rufen: »Ich komme sicher bald wieder!« Und ich stehe da in meinem Eiswagen und schaue ihnen hinterher, bin erfreut über ihre Auswahl, die gespannten Gesichter, das Leuchten in ihren Augen, bin selbst gespannt, wie sie zurückkehren werden – und was sie dann wohl wählen. Für ihr Schreiben oder auch ihr Leben.

Um gut ins Schreiben zu kommen, braucht es manchmal eine Anleitung von außen. Eine Anleitung, um aus dem Vielen und Vollen zu schöpfen, was uns die Welt anbietet, um eine Auswahl zu treffen und ein Gefühl dafür zu entwickeln, was ich eigentlich erzählen will. Ein bewusst ausgewählter Ausschnitt vom großen Ganzen. Einen Impuls. Einen Anfang. Und dieser Anfang kann eine Frage sein oder eine Einladung, ein Musikstück oder Bildausschnitt, ein Satz, den eine andere einmal schrieb, oder eine Technik, die sich auszuprobieren lohnen könnte – jedenfalls immer eine Form der Inspiration, die weites Denken zulässt und gleichzeitig eine Richtung anbietet, die das Denken in diesem Moment mal nehmen könnte. Weil die Welt im Grunde viel zu groß ist, um sie in Gänze abzubilden, und weil es eine Überforderung bedeuten kann, mich in diesem großen Ganzen ganzheitlich zu begreifen und das dann zu beschreiben. Leichter fällt das, wenn da jemand ist, der einen Vorschlag macht: Wie wäre es, wenn du heute mal nach links gehst, anstatt wie sonst immer nach rechts? Was hältst du davon, dir einen Stil von jemand anderem abzuschauen, um ein Gefühl zu bekommen, wie dein eigener Stil klingt? Könnte es ein Anfang für dich sein, eine Situation mit nur einem der dir gegebenen Sinne zu erleben und zu beschreiben und nicht mit allen Sinnen gleichzeitig? Was fällt dir auf diese Weise Neues auf?

Diese Inspirationen sind Anregungen, keine Aufgaben, die es abzuarbeiten gilt. Sie sind ein Angebot, das auch frei auszuschlagen ist, wenn es gerade nicht passt. Auch aus Irritation kann Inspiration werden: Vielleicht fühlt es sich nicht stimmig an, nach links zu gehen – und dieses Gefühl führt dann zu der weiterführenden Frage, warum das eigentlich so sein könnte. Vielleicht ist ein eigener Stil längst gefunden und einen anderen zu adaptieren daher nicht passend – und diese Erkenntnis lädt dann aber einfach zum Feilen und Vertiefen am eigenen Stil ein. Vielleicht will man eine Situation gar nicht nur hörend erfahren, sondern sie viel lieber auch sehen, riechen, schmecken, danach greifen – weil man vielleicht ein Mensch ist, der sensibel mit allen Sinnen reagiert und nur einen auszuwählen sich wie eine Vernachlässigung der anderen anfühlt. All das sollte okay sein. Schreibanregungen sollen anregend sein – nicht einschränkend. Wenn sie entsprechend formuliert sind, können sie ins Schreiben bringen und dann kann es gelingen, einen Raum zu eröffnen, in dem neue Erfahrungen gemacht werden können. Äußerlich und innerlich, sichtbar werdend auf dem Papier oder als innerer Eindruck, der nicht gleich einen sichtbaren Ausdruck erfährt. Auch das ist verschieden, bleibt sehr individuell, ist immer auch abhängig davon, wie und wo Menschen gerade unterwegs sind. Aus welcher Lebenssituation sie kommen, in welcher Umgebung sie sich befinden. All das kann Einfluss haben auf eine Erfahrung, die, inspiriert durch einen Impuls, gemacht wird.

Einmal warteten wir nach einer Schreibzeit am Meer fast eine halbe Stunde auf eine Kursteilnehmerin. Zu einer verabredeten Zeit hatten sich alle wieder versammelt – sie fehlte. Meine Kollegin und Komplizin Siri Fuhrmann und ich begannen uns schon Sorgen zu machen, da tauchte sie auf. Unversehrt, ein besonderer Ausdruck auf ihrem Gesicht: »Ich bin mir erst selbst davongelaufen, aber jetzt hab ich mich wieder eingeholt. Das hat nur länger gedauert, als ich erwartet hätte.« Sie sprach von einer doppeldeutigen Erfahrung, meinte ihren tatsächlichen Weg am Strand entlang, aber auch den inneren Prozess, den sie beim Gehen und beim Schreiben durchlaufen hatte. Immer wieder hatte sie sich zum Notieren niedergelassen, war sich selbst dadurch auf die Spur gekommen. Das hatte Zeit gekostet. Und Kraft. Aber nun war sie hier. Vielleicht auf eine Art vollständiger, als sie losgegangen war.

So etwas ist keine Seltenheit: Dass ausgelöst durch einen Impuls, eine Schreibanregung, etwas erfahrbar wird, was so vielleicht nicht erwartbar gewesen wäre: Eine Frau schreibt, während ihr Tee zieht, davon, was sie in ihrem Leben ziehen lassen will. Der Tee schmeckt später salzig, weil ihr beim Schreiben so viele Tränen übers Gesicht laufen, aufs Papier und in die Tasse tropfen. Sie lässt viel los, an diesem Tag. Ein Mann versucht seine Wünsche zu Papier zu bringen und stellt fest, dass er eigentlich gar keine hat. Dass er ziemlich wunschlos glücklich ist. Was für eine Erkenntnis! Ein Schwesternpaar kommt sich sehr nah, indem sie über Ähnlichkeiten und Unterschiede sprechen und dann schreiben. Auch in ihrer offensichtlichen Andersartigkeit wissen sie sich miteinander verbunden. »Ein Geschenk, das mal ausgesprochen zu haben«, sagen sie und schenken sich gegenseitig ihre Texte. Sie lesen sich wie Liebesbriefe.

Erfahrungen, die beim Schreiben gemacht werden, erweitern sich oft noch, wenn sie eine Erwiderung finden: Ein Text klingt anders, wenn man ihn laut vorliest. Eine Frage kann weniger schwer wiegen, wenn auch andere sie kennen. Eine Entdeckung erscheint oft noch schöner, wenn man sie teilt. Zu meinen Schreibseminaren, ob analog oder auch digital, gehört daher auch der Kreis, die Versammlung um eine gemeinsame Mitte, in der alle mal zum Mittelpunkt werden können. Geschriebenes oder Gesagtes findet Gehör. Zuhörende sind wie Zeug*innen, die zum Ausdruck bringen: Ja, deine Geschichte ist es wert, erzählt zu werden. Wir tragen sie mit. Wir lauschen ihr und dir. Wir sind ganz Ohr.

Während ich in der ersten Phase einer Schreibwerkstatt in der Rolle der Impulsgeberin bin und einen Rahmen für eine Erfahrung schaffe, wechsele ich im Laufe der Zeit in die Rolle derjenigen, die – je nach Seminarsetting gemeinsam mit einer Kollegin oder auch alleine – die Spannung hält und gleichzeitig Sicherheit bietet. Ich halte die Tür offen zum Raum, in dem Erfahrungen gemacht werden können. Ich biete Verlässlichkeit an, Aufmerksamkeit, Vertrauen. Niemand soll sich verloren fühlen. Wer mit einer Erfahrung nicht allein bleiben will, findet ein Gegenüber. So bin ich schließlich die, die in einer Gruppe zum Gespräch einlädt und die gleichzeitig selbst Anteil nimmt an dem, was passiert ist, was geschrieben wurde. Auch ich darf zur Zeugin der Lebensgeschichten werden, die geteilt werden. Ich empfinde das als ein großes Privileg.

Denn um beim Bild der Eisverkäuferin zu bleiben: Zunächst biete ich nur etwas an. Wer *was* wählt, bestimme nicht ich. Auch weiß ich nicht, ob und wie es denen schmecken wird, die etwas gewählt haben. Ich weiß nicht, ob das Eis auf die neue Bluse tropfen wird und Flecken verursacht, die sich nur schwerlich auswaschen lassen. Ich habe keine Ahnung, welche Erinnerung durch einen bestimmten Geschmack hervorgerufen wird – ob sie froh macht oder traurig. Ich kann nicht mit Sicherheit sagen, ob die Sorte hält, was sie zunächst verspricht, oder ganz anders schmeckt als erwartet. So ist es besonders, wenn wir uns wiedertreffen, am Eiswagen oder im Kreis, und erzählt wird, wie etwas war. Ich kann dann Taschentücher reichen oder einen Fleckenentferner empfehlen. Vielleicht muss ich aber auch gestehen: Manche Spur wird bleiben. Vielleicht wird sie einmal Teil der Bluse sein. Geschmäcker sind verschieden. Erinnerungen nicht selten beides: schön *und* traurig.

Die geteilten Erfahrungen, sie nehmen oft auch Einfluss auf die Eisauswahl, die ich bei einem nächsten Mal anbiete. Sorten entwickeln sich weiter. Ich versuche genau hinzuhören und mein Angebot dann abzustimmen auf die, die es brauchen. Was hat geschmeckt? Was schmolz unangetastet in der Sonne? Wovon brauchte es Nachschlag? Dabei ist alles miteinander verbunden, bedingt sich immer gegenseitig. Mein Eiswagen, er sieht nie genau gleich aus. Die Menschen, die davor Schlange stehen, sie bestimmen mit über die Auswahl. Sie sind es, die auch für die Vielfalt und Raffinesse der Sorten sorgen. Sie machen ein Eis erst zu einem Erlebnis. Und so werde ich nicht müde, damit durch die Straßen zu fahren, um auch andere zu fragen: »Was darf's heute sein?«

Auf der Suche sein

Ich glaube: Schreibende sind Suchende. Zusammen finden sie sich auf Zeit. Auch in ihrer vermeintlichen Unterschiedlichkeit. Schreiben verbindet. Über Generationen und Konfessionen hinweg. Es ist nicht entscheidend, welches Geschlecht du hast. Welche Hautfarbe. Welche Herkunft. Wichtig ist deine Geschichte. Was hast du erlebt? Was ist dir wichtig, wertvoll, wesentlich? Wonach sehnst du dich?

Schreiben verbindet. Mit anderen gleichzeitig in einem Raum zu sein und eine Frage zu bewegen – jede*r für sich und doch alle gemeinsam, das macht einen Unterschied. Es erzeugt ein Gefühl von Verbundenheit, da so dicht an dicht beieinander zu sein und zu wissen: Die anderen denken gerade über dasselbe nach wie ich.

Manchmal merkt man das schon, noch bevor etwas Geschriebenes laut ausgesprochen, laut vorgelesen wurde. Worte scheinen durch die Luft zu wabern. Manchen scheinen sie gar auf den Lippen zu liegen. Flüsternd fließen sie aufs Papier. Die Kugelschreiberminen bewegen sich auf den Heftseiten. Bei manchen eilig und schwungvoll, als wollten sie bloß keinen Gedanken verlieren und versuchten sie ihn daher schnell zu notieren, bei anderen sehr viel langsamer, zögerlicher, überlegter vielleicht.

In einer ersten Einheit meiner Schreibseminare geht es manchmal in einer Schreibanregung darum, Sätze zu vollenden. Weil es oft am allerschwersten scheint, einen Anfang zu finden, sind hier Anfänge bereits gemacht. Aber wie sie enden – das liegt allein in der Hand der Schreibenden. Sie klingen dann zum Beispiel so:

Am Meer war ich zuletzt
Zum Frühstück esse ich am liebsten
Manchmal frage ich mich
Wenn es regnet
Ich vermisse
Besonders gut geht es mir, wenn
Ich fürchte mich vor
Gestern war ich noch

Ich darf den Aufschlag machen, Anfangssätze anbieten, Gedanken anstoßen und schließlich Zeugin dieses Schreibens werden. Nicht immer erfahre ich, wie die Sätze weitergehen. Eine Pflicht zum Vorlesen gibt es nicht. Denn obwohl oder gerade weil ich der Überzeugung bin, dass jede Geschichte es wert ist, erzählt zu werden, halte ich sie auch für schützenswert: Jede Person entscheidet selbst, was sie davon mit anderen teilt. Denn hineingenommen zu werden in persönliche Gedanken eines Menschen, gerade frisch aufgeschrieben, vielleicht gerade erst zum ersten Mal bewusst gedacht, das ist ein Geschenk. Keine Selbstverständlichkeit. Das erfordert Vertrauen.

Und so sind es jedes Mal meist die längsten Minuten eines Schreibseminars: die Zeit, die es dauert, wenn die Schreibzeit endet, Stifte beiseitegelegt werden, alle nach und nach aus ihrer Vertiefung zurückkehren, die anderen um sich herum wieder stärker wahrnehmen und schließlich eine Person das Schweigen bricht. Sich kurz räuspert. Vielleicht ein bisschen fahrig über die gerade erst beschriebenen Seiten streicht, und dann in den leisen Raum hinein sagt: »Ich fang jetzt einfach mal an.«

Schreibende sind Suchende. Zusammen finden sie sich auf Zeit. Auch in ihrer vermeintlichen Unterschiedlichkeit. Dann nämlich, wenn eine vorliest, dass sie das letzte Mal vor der Pandemie am Meer war. Und dass ihr die Tränen gekommen seien, als sie nun nach so langer Zeit vom Fähranleger aus das Wasser in der Sonne glitzern sah und plötzlich wusste: Es war die ganze Zeit da. Und die anderen um sie herum nicken wissend, wischen sich vielleicht sogar selbst eine Träne aus den Augenwinkeln, blicken auf ihr eigenes Papier, wo so ganz ähnliche Sätze geschrieben stehen. Dabei kennt man sich doch eigentlich noch gar nicht. Und ganz ehrlich: So rein äußerlich, so auf den ersten Blick, so nach dem ersten Eindruck hätte man vielleicht gar keine Gemeinsamkeit vermutet.

Doch so etwas passiert immer wieder. Dass beim Suchen nach Antworten auf die eigenen Lebensfragen plötzlich Antworten von anderen so ganz ähnlich ausfallen wie die eigenen. So viele andere essen auch am liebsten Birchermüsli zum Frühstück. So viele andere fragen sich auch manchmal, was wohl nach dem Leben kommt. So viele andere denken auch an Applaus, wenn Regen auf Dachflächenfenster fällt. So viele andere vermissen auch das Gefühl von Unendlichkeit, das man so nur in der Kindheit kannte. So vielen anderen geht es auch besonders gut, wenn eine Kalenderseite endlich mal terminfrei ist. So viele andere fürchten sich auch, einen geliebten Menschen zu verlieren. So viele andere waren gestern auch noch an einem Ort, den sie zu Hause nennen. Und bei manchen heißt dieses »Zuhause« Hannover und bei anderen Rosenheim und bei anderen Hendrik – und doch haben alle gemein: Am schönsten ist's daheim.

In andere Hände geben

Einen Schreibseminartag beginne ich meist mit einem Gebet. In Räumen der Stille. Oder in den eigenen vier Wänden. Je nachdem, wo ich gerade bin. Das hat sich mit der Zeit so ergeben.

Vielleicht, weil mir immer bewusster geworden ist, dass in den Lebensgeschichtenräumen, die ich eröffnen darf, oft so viel passiert, das nicht allein in meinen Händen liegt. Auch wenn ich vielleicht vor allem die Ideengeberin bin, Moderatorin, Prozessbegleiterin – da bleibt doch auch ein Gefühl von Offenheit. Ein nicht bis ins Letzte Wissen, was werden wird. Trotz aller Bemühungen und aller Aufmerksamkeit werde ich nicht jedes Bedürfnis wahrnehmen und stillen können. Trotz aller Vorbereitung werde ich sicher auch mal Antworten schuldig bleiben, Erwartungen nicht erfüllen. Trotz aller Anstrengung wird es Fragen geben, die auch mir zu groß sind, um sie allein zu tragen. Trotz aller Konzepte und Planungen wird es Momente geben, die eine Gänsehaut machen werden. Weil sie so unplanbar schön sind. Nahezu heilig erscheinen.

Und so höre ich am Morgen die Musik, die uns an diesem Tag begleiten wird. Ich zünde eine Kerze an. Ich mache Kaffee. Schreibe ein paar Worte aufs Papier. Schaue einen Moment in den Himmel. Und werde mir bewusst: Nicht alles heute liegt bei mir. Ich öffne nur die Tür. Dahinter darf geschehen, was immer auch geschehen will.

Welche Worte ich zu Beginn des Tages in dieser betenden Haltung wähle, ist oft abhängig von einem Thema, das über diesem Tag steht. Auch wenn ich mich während eines Seminars in der Regel nie selbst aktiv schreibend mit einem Schreibimpuls beschäftige, versuche ich doch, mich, unmittelbar bevor es losgeht, bewusst in eine Stimmung zu bringen, die zu der der Schreibenden passen könnte.

Steht über dem Schreibtag das Wort »Anfang«, so bitte ich um den Geist des Anfangs. Um Neugier, Wachheit, Kraft zum Werden und Wachsen. Ich bringe mein Vertrauen ins Spiel, versuche keine Angst vor dem Scheitern zu haben, sondern mich der

Möglichkeit zu erinnern: Es gibt meistens auch einen zweiten Versuch. Und dann ist aller Anfang vielleicht gar nicht so schwer.

Beschäftigen wir uns schreibend mit der Verbundenheit, so bete auch ich um eine gute Verbindung. Zu mir selbst, zu den anderen, zur Welt – und zu einer Kraft, die das alles zusammenhält.

Findet ein Seminar zum Thema »Tod und Trauer« statt, dann benenne ich besonders auch meine Hoffnung auf Licht, das in die Lücken unseres Lebens fließen möge. Und uns damit auch in dunkelsten Zeiten einen Weg zum Weitergehen weise.

Dieses kleine Innehalten, bevor ich einen Raum mit Menschen betrete – analog oder digital –, es lässt mich anders da sein. Anders offen. Anders vertrauensvoll. Weil ich nicht so hineinstolpere in das, was dann beginnt. Es gab schon einen Moment davor. In dem ich alleine war – und doch auch nicht. Ich glaube, dass mich das davor bewahrt, überheblich zu werden, sonderbar abgeklärt, eine Agenda abfeiernd, einen strikten Plan verfolgend. Sicher, ich bin gut vorbereitet, das ist mein Job, das darf man von mir erwarten – und doch bleibt alles möglich. Auch ich verstehe mich als Lernende, bin wachsam und neugierig, lasse geschehen, was uns geschehen soll. Ich habe die Hoffnung, dass meine kleine Übung dieses inneren Bewusstwerdens zu Beginn des Tages sich vielleicht auch auf andere überträgt, spürbar wird, einen Unterschied macht und zeigt: Wir alle sind gleichermaßen Teil von etwas, das nicht allein in unseren Händen liegt.

Beim Namen genannt

Die Namensliste liegt auf dem Küchentisch. Ein Schwung Postkarten daneben. Ich habe eine Kanne Tee gekocht. Draußen wird es schon dämmrig. Ich weiß: Es wird dauern, meine Hand wird müde werden mit der Zeit, aber es ist mir wichtig. Weil ihr mir wichtig seid. Ihr, deren Namen ich nun schreibe:

Claudia, Nele, Elena, Daniel, Barbara, Lucas, Mirjam, Selima, Moni, Esther, Christian, Ruth, Petra, Eva, Marlene, Michele, Frank, Carina, Franzi, Stefan, Ingeborg, Beate, Carolin, Damaris, Martin, Mechthild, Dominik, Laura, Florian, Angelina, Steffi, Nicole, Lena, Astrid, Marius, Britta, Dagmar …

Ich tue das jedes Mal. In Vorbereitung auf eine neue Schreibgruppe. Es ist mein kleines, liebgewonnenes Ritual, Willkommensworte zu finden. Handgeschrieben auf Postkarten, die zum Thema unseres Schreibens passen, und die die Teilnehmenden vor Beginn des Seminars zugeschickt oder mit einem Zimmerschlüssel bei ihrer Ankunft am Schreibort überreicht bekommen. Fast wichtiger als die Worte, die ich schreibe, sind mir jedoch die Namen derjenigen, die ich da willkommen heiße. Sie verbinden mich schon vorab mit ihnen.

Ich male mir aus, wer sich dahinter verbergen mag. Ahne bereits, in Zukunft werde ich Gesichter mit diesen Namen verbinden können – und Geschichten.

Und gleichzeitig weiß ich auch, so mancher Name wird mit der Zeit wieder verblassen, wie die blaue Tinte auf Postkartenpapier. Aber bis dahin werde ich die Namen geschrieben haben. Um sie gewusst haben. Um jeden einzelnen. Sie bleiben mir erschreibenswert.

In einem Schreibseminar, in dem wir uns mit Familienbanden beschäftigten, mit Bandesein und Verbundenheit, schrieben wir zu Beginn kurze Geschichten unserer jeweiligen Vornamen. Als Möglichkeit, uns den anderen auf besondere Weise vorzustellen, aber auch, weil schon der eigene Name manchmal genug Anlass zum Erzählen ist: Warum heißt du, wie du heißt? Was bedeutet dein Name? Woher kommt er? Wer hat dir deinen Namen gegeben? Passt er zu dir? Wer sind deine Namensvetter? Und wenn du dir selbst einen Namen hättest aussuchen dürfen: Wie hättest du dich genannt?

In der anschließenden Vorstellungsrunde erfuhren wir viel voneinander und lernten eine Menge: Dass der eigene Name sehr passend gewählt sein kann – oder aber sich anfühlen mag wie eine Last. Weil er ein Erbe zu tragen bedeutet, das wir uns nicht unbedingt selbst ausgesucht hätten. Auch hörten wir Geschichten von Menschen, die nur ganz selten bei ihrem eigentlichen Geburtsnamen genannt werden, sondern viel bekannter unter einem Spitznamen sind. Es wurden Anekdoten geteilt von Vätern, die im Standesamt einen ganz anderen Namen angaben als den, den sie mit der Mutter des neugeborenen Kindes verabredet hatten. Auch überlegte eine Teilnehmerin, ob dieses Schreibseminar eine willkommene Gelegenheit sein könnte, mal unter einem ganz anderen Namen als ihrem richtigen angesprochen zu werden. Sie wollte schon immer so gern viel lieber eine Carla sein als eine Christine.

Diese kleine Schreibübung zu Beginn, sie ließ uns eintauchen in so manche Familiengeschichte, verriet uns viel von den Personen, die mit uns im Raum waren, und zeigte ganz deutlich, wie nah wir uns kommen können, wenn wir die Dinge mal wirklich beim Namen nennen. Und vor allem uns selbst.

Gespräche wie Geländer

Von meinen Seelsorgerinnen-Freundinnen habe ich lernen dürfen: Seelsorge bedeutet vor allem, ein Stück Weg mitzugehen. Zuzuhören. Ein Gegenüber zu sein. Auch Schweres auszuhalten. Zu fragen: Was brauchst du gerade? Und dann gemeinsam zu überlegen, wie dieses so sehr Gebrauchte zu bekommen und zu gebrauchen sein könnte.

Am Anfang dachte ich, diese Aufgabe wäre zu groß für mich. Dass ich das vielleicht nicht tragen könnte, nicht fragen, dass ich vielleicht selbst noch gar nicht genug Antworten wüsste. Aber mit der Zeit habe ich feststellen dürfen: Ich muss diese Antworten gar nicht wissen. Aber fragen darf ich trotzdem. Und da sein. Das sowieso.

Und so sind es in Schreibseminaren oft schon die kleinen Momente so zwischendurch, die vielleicht sowas wie Seelsorge sind. Wenn eine noch länger im Seminarraum bleibt, in einem Buch blättert, aus dem Fenster blickt, fragt, wie das Lied heißt, das wir zu Beginn des Tages gehört haben. Und dann entspinnt sich plötzlich ein kleines Gespräch. Über Lieblingsbücher, das Geschehen vor dem Fenster, ein Lied und diese eine Zeile darin, die so wahr klang, plötzlich so wahr, die alles auszudrücken vermag, wofür die eigenen Worte gerade noch fehlen. »Leih sie dir«, sage ich. Und dann werden diese Worte aufs Papier geschrieben. Wie eine Überschrift. Wie ein Titel für diese Tage. Wie die Ahnung einer Antwort auf eine schon oft gestellte Frage.

Manchmal ist es auch eine Schreiberfahrung, die zum Gesprächsanlass wird. »Ich habe das Gefühl, durch das Schreiben erfahre ich etwas von mir selbst«, sagt einer. Aus einem unspezifischen Gefühl erwächst eine plötzliche Erkenntnis. »Ich wusste immer: Es gibt ein Zuviel in meinem Leben. Aber wovon eigentlich, das konnte ich nie so richtig greifen. Und hier steht es nun.« Von dort aus reden wir weiter. Über Mängel und Möglichkeiten, über das Genügen. Das Schreiben und Sprechen über einen entstandenen Text wird eine grundsätzliche Lebensfrage vermutlich nicht für immer auflösen. Aber es scheint, als wäre ein Anfang gemacht. Was dunkel schien, wie im Verborgenen lag, wird ins Licht gerückt. Im Hellen kann man besser sehen.

Nimm dir, was du brauchst

Sicher ist es nicht allein der Ort, der einen gute Worte finden lässt. Geschichten kommen einem nicht unbedingt schneller in den Sinn, wenn man am Schreibtisch sitzt und auf sie wartet. Es ist nicht der Cappuccino im Kaffeehaus, der die Gedanken leichter fließen lässt und auch nicht das Glas Wein am Kaminfeuer. Ideen ploppen auf, wann sie wollen. Nicht immer ist das planbar. Und doch glaube ich, man kann ihnen manchmal ein bisschen auf die Sprünge helfen. Indem man eine Atmosphäre schafft, die weites Denken zulässt und gleichzeitig eine Richtung anbietet, ein Aufmerksammachen, ein Schau-mal.

In meinen Schreibseminaren sind Wäscheleinen daher so etwas wie meine gestaltete Mitte. Damit bekomme ich jeden noch so hässlichen Gemeindesaal hübscher und richte jeden noch so umherirrenden Blick auf das, was gerade wesentlich sein könnte. Ich hänge an die Wäscheleine Worte zum Pflücken. Verbunden mit der Einladung: Wenn dir die Worte fehlen, leih dir welche. Auch Federn hingen schon daran. Puzzleteile. Getrocknetes Laub. Kalenderseiten. Schleierkraut. Bücher. Glöckchen. Postkarten.

Immer wieder wandelt sich die Leine auch zu einer Galerie. Menschen hängen ihre eigenen Worte dazu. Es ist ein gegenseitiges Geben und Nehmen. Nie bleibt die Leine lange leer. Ich spanne sie zwischen Laternenpfähle und Kirchensäulen, hänge sie in Fenster und vor vergilbte Vorhänge. Manchmal versperren sie ganz bewusst einen Durchgang. Man muss sich ducken, vielleicht sogar verbeugen, um drunter durchgehen zu können. Man muss einen Moment hinlesen.

Ich verbinde dieses kleine äußere Zeichen auch mit dem großen inneren Gefühl: Da ist etwas vorbereitet, vorgesorgt. Es gibt genug. Nimm dir, was du brauchst. Worte für den Weg. Geh gut mit ihnen weiter.

Sich an die Grenzen schreiben

Es wäre so schön: Wenn das Schreiben alles heilen könnte. Jeden Bruch verbinden, den die Seele erfahren hat. Jede Lücke füllen, die das Herz fühlt. Es wäre so schön, wenn das Schreiben Menschen zurückholen könnte, die nicht bei mehr bei uns sind. Wenn es eine Situation im Nachhinein verändern könnte, sie besser machen, vielleicht. Es wäre so schön, wenn das Schreiben wirklich jede Art von Grenze überwinden könnte, bis vielleicht gar nichts mehr übrig bliebe von Krieg und Sterben und Schmerz. Wenn alles gut werden würde, indem wir nur davon schrieben.

Ich glaube, ein Grund, warum Cornelia Funkes »Tintenwelt«-Trilogie weltweit so berühmt und erfolgreich wurde, ist die Tatsache, dass es in ihrer fiktiven Welt möglich ist, Menschen und Dinge aus Büchern herauszulesen oder aber selbst zwischen die Seiten der eigenen Lieblingsbücher zu schlüpfen. Der Buchhändler Mortimer und seine Tochter Meggie verfügen über diese besondere Gabe, die wohl viele von uns gern hätten. Wie abenteuerlich klingt es doch, auf einmal an der Seite derer zu stehen, von denen wir normalerweise nur lesen können. Oder andersherum, wenn plötzlich ein Pferd namens Kleiner Onkel in unserer Küche stände, ein Hauself oder ein kleines Mädchen namens Momo.

Doch auch in Cornelia Funkes Büchern, die von der Tintenwelt erzählen, werden schnell die Grenzen dieses fantastischen Geschehens sichtbar, die Herausforderungen, die damit einhergehen. Insbesondere wenn die Figuren, die Mortimer und Meggie herauslesen, auf einmal ein Eigenleben entwickeln, nicht mehr kontrollierbar sind – oder wenn in der Welt, in die man sich einst hineingeträumt hat, in Wahrheit das Böse herrscht.

In der Fantasie ist im Grunde nichts unmöglich, das macht sie aus. Und auch das Schreiben lässt uns weiter sehen, als wir es vielleicht zunächst vermuten würden. Und doch bleibt es natürlicherweise begrenzt.

Weil manche Lebensfrage zu groß ist, um sie mit sich allein auf dem Papier ausmachen zu wollen. Weil das eigene Ich nicht in jeder Situation ein ausreichendes Gegenüber ist. Weil nur, wenn man »Heile, heile Gänschen« schreibt, nicht unbedingt der gleiche psychologische Effekt eintritt, der uns als Kindern noch geholfen hat: Ein Lied gesungen von jemandem, der uns liebt, ein bisschen Spucke aufs Knie oder ein unsichtbares Pflaster, und schon ist alles wieder gut, alles wieder heil.

Es gibt Verwundungen, Traumata, Krisen und Probleme, die bedürfen einer besonderen Aufmerksamkeit, einer professionellen Begleitung. Dabei ist nicht jeder menschliche Entwicklungsprozess, der sich durchaus auch schmerzhaft und sehr herausfordernd anfühlen kann, gleich zu pathologisieren. Durch das Schreiben Klärung zu erfahren oder neue Ein- und Aussichten zu gewinnen, kann gelingen – und doch verlangt die menschliche Psyche manchmal nach mehr als dem.

So waren es vor allem Grenzerfahrungen, die mich dazu brachten, eine Weiterbildung zur Schreibtherapeutin zu machen. Für mein praktisches Tun wünschte ich mir mehr theoretisches Hintergrundwissen. Auch wenn sich glücklicherweise niemand in meinen Schreibseminaren völlig ins Bodenlose geschrieben hatte oder durch einen von mir formulierten Schreibimpuls plötzlich in eine Psychose rutschte, erlebte ich, dass Menschen von sich selbst überrascht schienen. Durch das Schreiben zu einem bestimmten Thema oder einer Fragestellung hatten sie einen neuen Zugang zu etwas bekommen, das tief in ihnen lag und dass sie nur selten oder nie betrachteten. Und das konnte unglaublich augenöffnend sein, bestärkend oder beflügelnd. Manchmal erwuchsen daraus Erkenntnisse, die wirklich zu einer persönlichen Lebensverbesserung führen könnten. Es bestand aber auch die Möglichkeit, dass das Schreiben zu einer Auseinandersetzung und Konfrontation mit Gefühlen führte, die sie so eigentlich nicht hatten fühlen wollen. Es gibt einfach Erkenntnisse, die machen traurig oder auch Angst. Vor allem, wenn das Schreiben darüber nicht immer gleich auch eine Lösung anbietet, einen Trost oder eine Bewältigungsstrategie.

Als eine Person, die andere im Schreiben anleitet und begleitet, fühlte ich zunehmend eine Verantwortung für die Menschen, die sich mir in diesen Schreibräumen anvertrauten. In der Schreibtherapie-Weiterbildung wurde genau das aufgegriffen: Chance und Grenze des Schreibens – und die Unterscheidung von beidem. Einer der mir am eindrücklichsten in Erinnerung gebliebenen Sätze fiel gleich zu Beginn: »Schreiben allein kann nicht heilen.« Das zu erkennen und es auch an andere weiterzugeben, halte ich für verantwortungsbewusst, ja notwendig. Wenn ich Schreibräume eröffne, in denen Menschen ihre eigene Lebensgeschichte und ihre Fragen nach Sinn in den Blick nehmen, biete ich keine Heilung an. Das zu kommunizieren ist manchmal gar nicht so einfach, weil es an dem kratzt, was immer noch ein gesellschaftliches Tabu zu sein scheint: psychische Gesundheit. Wo fängt sie an und wo hört sie auf? Wann wird es Zeit, sich psychologische oder therapeutische Hilfe zu holen, die über ein Angebot hinausreicht, bei dem wir vor allem miteinander schreiben? Denn das ist auch etwas, was ich lernen durfte: Auch wenn dieser Satz so klar, fast ausschließend klingt: »Schreiben allein kann nicht heilen«, gibt es durchaus schreibtherapeutische Techniken und Methoden, die auf psychische Erkrankungen eine unterstützende Wirkung haben können. Bloß ist nicht jedes Setting dazu geeignet und manchmal braucht es einfach mehr als einen Impuls.

Einer der entscheidenden Unterschiede etwa zwischen therapeutischem Schreiben und biografischem Schreiben ist der, dass das eine in seiner Zielsetzung stärker problembezogen ist und das andere eher prozessbezogen, was etwa eine Persönlichkeitsentwicklung angeht. Eine eindeutige Grenze zwischen beidem zu ziehen, ist jedoch gar nicht immer ganz einfach.

Ich glaube, ein Schlüssel, um das eine vom anderen zu unterscheiden und um herauszufinden, was ich gerade wirklich brauche, was der Seele guttut, ist die Achtsamkeit mit sich selbst – und mit den eigenen Grenzen. Wer sich in einer akuten Lebenskrise befindet, in einer Zeit tiefer Trauer oder wer bereits in therapeutischer Begleitung ist, ist empfindsamer, was bestimmte Themen oder Fragen angeht. Die Seele ist in dieser Zeit offener, bereits verwundet, und damit oft noch verwundbarer.

Auch mir selbst ging es mal so, dass das Schreiben allein mir nicht mehr reichte. In Zeiten großer Erschöpfung und Angst war es nicht zuallererst das Schreiben davon und darüber, das mir half. Es dauerte, bis ich darin eine Kraft entdecken konnte, und es mir in einer Krise zum Komplizen wurde. Vorher jedoch brauchte ich ein ganz konkretes Gegenüber, professionelle Unterstützung, eine Therapeutin, die mir in wöchentlichen Gesprächen Fragen stellte, und mir so half, mir selbst zur Antwort zu werden. Erst später konnte ich davon schreiben und mich Schritt für Schritt von meinen Ängsten befreien.

Eine Chance und eine Stärke des Schreibens liegt in der Offenlegung von etwas Verborgenem. Das Schreiben vermag etwas an die Oberfläche zu holen. Und auch wenn ich betone, dass Schreiben allein nicht heilen kann, liegt darin vielleicht doch manchmal schon ein heilendes Moment: Denn wenn etwas zutage getreten ist, lässt sich anders damit umgehen. Wollen wir etwas verändern, müssen wir es ansehen. Und das kann überraschend sein, irritierend, auch schmerzhaft, ja. Aber vielleicht ist es auch ein Anfang, dem zu folgen, dem zu vertrauen sich lohnt.

Und dann ist da noch die Sache mit der Resilienz, diese uns innewohnende Widerstandskraft, die sich den Widrigkeiten unseres Lebens entgegenstellen kann. Meine Erfahrung ist, dass sich diese Kraft stärken lässt durchs Schreiben. Nicht als Ersatz für professionelle Gespräche, aber als Zusatz vielleicht. Weil das Wortefinden uns dazu verhilft, die Quellen und Ressourcen deutlicher vor Augen zu haben, auf die wir im Zweifel zurückgreifen können. Schreibe ich davon, kann ich es nachlesen: Dass ich nicht alleine bleiben muss, dass ich nicht alleine bin. Dass ich auch andere Herausforderungen schon gemeistert habe. Dass auch die Umwege, die ich genommen habe, mich schließlich auf einen Weg geführt haben, der *mein* Weg ist.

Das Schreiben, es macht nicht alles heil, es macht nicht alles hell. Aber manchmal macht es mich zuversichtlicher. Es lässt mich das Helle öfter sehen. Und auch das, was heil werden kann, vielleicht trotz allem. Das Schreiben lässt mich akzeptieren, was ist, und nicht immer nur resignieren. Es bringt mich auf Ideen, wie sich mit einer Situation anders umgehen ließe, als ich es bisher getan habe. Es lässt mich sehen, wie stark ich doch sein kann. Dabei macht es mir auch meine eigene Verantwortung deutlich: Ich muss nicht nur Opfer der Umstände sein. Ich kann mir Hilfe holen, wenn ich sie brauche, wenn ich nicht weiter weiß. Das Schreiben zeigt mir, wer an meiner Seite ist, auf wen ich mich verlassen kann. Das Schreiben lässt mich weitersehen.

Einer meiner Lieblingssätze zum Schreiben stammt von Max Frisch. Er schreibt: »Schreiben heißt, sich selber lesen.« Ich glaube, darin steckt viel Wahres. Durch das Schreiben lesen wir uns selbst, lernen uns kennen, erkennen uns – letztlich auch darin, wo wir begrenzt sind. Doch auch damit lässt sich anders weitergehen.

Denn der Weg ist weit

Eine von vielen Geschichten, die sich im Rahmen meiner Schreibräume zugetragen hat, sie spielt auf Norderney und später spinnt sie sich weiter im Netz. Aber ihr Anfang ist in der St. Ludgerus-Kirche. Mitten in Norderneys Zentrum. An einem Freitag im März. Es ist der Tag, an dem verkündet wird: Die Schulen machen dicht. Und die Kitas. Das Leben wird anders werden, als wir es bisher kannten. Ab Montag schon. Es ist der Tag, an dem wir erfahren: Auch auf der Insel ist das Coronavirus schon angekommen. Es ist der Tag, an dem Schiffe ablegen werden, um uns zurückzubringen aufs Festland. Zurück, zurück, schnell, schnell nach Hause. Solange es noch geht. Es ist der Tag, an dem wir anfangen, uns zu fragen: Dürfen wir uns zum Abschied wohl umarmen? Wann sehen wir uns wieder? Wie wird es weitergehen?

Vor allem die Frage nach dem Weitergehen fühlt sich sehr besonders an, nach einer Woche, in der wir Sprache mit Spiritualität verbunden haben, und in der besonders die Weite des Lebens eine große Rolle gespielt hat. Sechs Tage lang suchten wir in Schreibexerzitien das Weite. Auf der Insel und in uns selbst. Wir setzten Füße und Feder auf weiten Raum, wurden zu Pilgernden auf dem Papier, fragten: Was geht uns nah und wo fühlen wir uns begrenzt? Was lässt uns weitermachen, weitersehen, weitergehen? Und wann bleiben wir mal stehen?

Am Ende dieser weiten Woche sitzen wir da, in einer Kirche, durch deren blaue Fenster Sonnenlicht fällt und Flecken auf den Boden malt. Wir feiern Gottesdienst. Versuchen Worte fürs Weitergehen zu finden. Segen für die Weiterreise. Und eine von uns, meine geschätzte Kollegin Siri Fuhrmann, sie erzählt von dem Propheten Elia. Der nicht mehr leben will. Der nicht mehr kann. Der sagt: Es reicht. Ich will sterben. Nimm meine Seele, Herr. Die Kirchenfenster von St. Ludgerus, auch sie erzählen seine Geschichte.

Und wir hören sie, diese alten, manchen von uns vertrauten Worte. Doch wir hören sie anders in diesen Tagen. Weil wir anders sind. Die Weite, sie hat uns sehr beschäftigt. Aber auch das Begrenztsein und das Nicht-mehr-weiter-Können. Und so sitzen wir dann da: 17 Menschen. Frauen und Männer. Schon alte und noch junge. Schreibgeschwister in dieser einen Woche im März 2020. Verbundene Verbündete, von denen nun zwei beginnen, umherzugehen. Mit Krügen voll Wasser, Schalen voll Brot und Worten, die sattmachen sollen. 17 Krüge, 17 Schalen, 17 Worte. Für uns alle genug.

Und wir fangen an, uns vor eine Person zu stellen, die da sitzt. Manche zusammengekauert wie Elia am Berg Horeb. Manche mit geschlossenen Augen. Sonnenlicht auf Gesichtern, die in dieser Woche so viel Meer gesehen haben. Und dann feiern wir in besonderer Weise Abendmahl. Dazu leihen wir uns Worte der Könige und sagen einander zu: *»Nimm, iss und trink, denn er Weg, den du zu gehen hast, er ist weit.«* Und wir reichen einander den Krug mit Wasser und die Schale mit Brot und legen noch Worte daneben. Die Ermutigung, zu einer Nächsten zu gehen und ihr das Gleiche zu tun. Und es geschieht. Und es dauert. Weil wir viele sind. Und der Weg weit. Aber es verändert spürbar: Uns und den Kirchenraum, der erfüllt ist, immer noch mit Sonnenlicht, aber nun auch mit Geschirrgeklapper, Schritten auf Steinboden, leisem Flüstern, immer wieder. 17 Mal: *Nimm, iss und trink, denn der Weg, den du zu gehen hast, er ist weit.*

Ich weiß nicht, ob mich ein Abendmahl je so gesättigt und gestärkt hat wie dieses. In diesem Moment schon war es besonders. Aber seine Kraft entfaltet sich mehr noch danach. Als alles so anders ist. Die Welt und wir darin. Da bleiben diese Worte. Und schreiben sich weiter. Über zwei Jahre lang. Jeden Freitag auf Twitter. Da teilt eine ein Foto von Brot und Wasser oder von Honigbrötchen und Cappuccino, je nachdem, was so da ist, was gerade stärkt. Jedenfalls teilen viele es mit: Fotos und Frühstück und dazu diese Worte. Immer gleich und doch jedes Mal ein bisschen anders: *Nimm, iss und trink, denn er Weg, den du zu gehen hast, er ist weit.*

Im März 2020 auf Norderney, da ahnten wir nicht, wie weit der Weg wirklich werden würde. Und so scheinen diese Worte in der Rückschau geradezu prophetisches Potenzial in sich zu tragen. Wir wollten einen Punkt setzen, am Ende einer Schreibexerzitienwoche. Wir setzten einen Doppelpunkt.

Liebes Leben!

Ich nehme dich so gern beim Wort. Lausche den Geschichten, die du erzählst. Entdecke meine eigene darin, erzähle sie weiter. Du verdienst es, abgebildet zu werden, vielleicht ein wenig haltbarer gemacht. Wenigstens versuchsweise. Denn unvergleichlich, einzigartig bist du – und vor allem so vergänglich.

Du wartest auf mit Abenteuern, verläufst selten linear, bist immer wieder für eine Überraschung gut, kostest Mut.

Du weißt viel von der Gleichzeitigkeit des Seins, kennst Ungerechtigkeit und Unterschiede und lässt doch all unsere Herzen schlagen wie eins. Du gibst den Takt vor, kennst die Richtung, bist Anfang und Ende zugleich.

Und vielleicht ist deine Lebensaufgabe an mich: Worte zu finden, die sagen, wie wertvoll du bist.

Deine Hanna

Nach dem goldenen Kern suchen

Stellvertreterin sein

Ich schreibe aus einer privilegierten Perspektive heraus. Denn ich darf sagen, denken, schreiben, was ich will. Ich lebe in einer großen Freiheit. In einer Demokratie. Das verdanke ich nicht mir selbst. Andere haben das vor mir erkämpft. Ich stehe nur auf ihren Schultern. Die Aussicht von hier oben ist weit. Aber ich kann auch sehen, dass es anderswo anders ist.

Während meiner Ausbildung zur Journalistin saß ich monatelang in unserem Seminarraum neben einer Weltkarte. Darin eingezeichnet die Teile der Welt, in denen Pressefreiheit herrscht. Erschreckend war schon damals das Bild, das diese Karte zeichnete: In den meisten Ländern der Erde gibt es diese Freiheit im Grunde nicht. Zumindest ist sie eingeschränkt, vielfach jedoch einfach gar nicht existent. Ebenso schlimm, wenn nicht noch schlimmer, steht es um Demokratien. Analysen der Bertelsmann-Stiftung zufolge gibt es im Februar 2022 weltweit mehr autokratische Staaten als demokratische. Tendenz steigend. Ich finde das besorgniserregend.

Es ist keine Selbstverständlichkeit, zu sagen und zu schreiben und zu zeigen, was diese Welt bewegt, dieses Leben und uns. Es ist ein kostbares Gut. Nicht hoch genug zu schätzen, nicht stark genug zu schützen. Ich lese Zahlen und Berichte, die von eingeschränkter Freiheit zeugen, und leite daraus auch eine Verantwortung ab. Wenn ich schon nicht die ganze Welt schöner werde schreiben können, friedlicher und freier, dann will ich doch wenigstens nicht vergessen, dass *ich* eine Stimme habe und die Freiheit, diese zu erheben und einzusetzen. Und das nicht nur für mich allein, sondern auch stellvertretend für diejenigen, die mundtot gemacht, deren Stifte und Wille gebrochen werden, die fürchten müssen, ihre Meinung zu sagen, könnte sie das Leben kosten.

Wie das geht? Anfänglich vielleicht schon mit einer einzigen fließenden Bewegung mit einem Stift auf Papier: Ein Kreuzchen auf dem Stimmzettel. Ein Zeichen von: Es ist mir nicht egal. Ich habe eine Wahl. Ich rede mit. Nehme Anteil, bin Teil einer Gemeinschaft, die sich einsetzt, auch für andere. Und von dort aus geht es weiter. Immer dann, wenn ich »Ja« schreibe und auch wirklich »Ja« meine. Oder aber »Nein«.

Ich setze meine Stimme ein, wenn ich zu einem bestimmten Thema Briefe schreibe an Abgeordnete in meinem Wahlkreis oder auch mal Postkarten an einen Gesundheitsminister, die beginnen mit »Lieber Jens« und zum Ausdruck bringen: Es ist nicht egal, wie und wo wir geboren werden.

Meine Stimme hat Gewicht, wenn ich Petitionen unterzeichne. Wenn ich meinen Namen schreibe und damit zeige: Gute Idee! Möge sie gehört und umgesetzt werden. Wenn ich öffentlich auf andere hinweise, die zu einem Thema mehr und Klügeres zu sagen haben als ich. Wenn ich Texte teile, die andere schrieben. Wenn ich mich bemühe um mehrere Perspektiven.

Ich nutze meine Stimme, wenn ich Texte, Porträts und Reportagen schreibe über Menschen, die sonst nur selten oder nie gehört werden. Und wenn ich Geschichten erzähle, die inspiriert sind von denen, die einst kämpften, auf deren Schultern wir heute stehen und deswegen eine Aussicht genießen dürfen, die auch über uns selbst hinausreichen sollte.

Ich nutze mein Privileg, wenn ich in Worten widerständig bleibe – und wenn es sein muss, Druck mache. Mit Druckerschwärze.

Das Leben feiern

Ein oft zitierter Satz ist: *»Man kann dem Leben nicht mehr Tage geben, aber den Tagen mehr Leben.«* Dahinter verbirgt sich eine Haltung, die zu verstehen vermutlich nicht erst am Lebensende sinnvoll ist, sondern mindestens schon währenddessen. Und weil das wohl eine der schwierigsten Lebensübungen überhaupt ist, kann es lohnen, sich eines kleinen Tricks zu behelfen und diesen Satz ein wenig umzuformulieren: *»Man kann dem Leben nicht mehr Tage schreiben, aber den Tagen mehr Leben.«* Denn es bewahrheitet sich, dass sich das Leben in einem guten Sinne dichter, verdichteter anfühlt, wenn man es beschreibt. Die Tage vergehen weniger beliebig, weniger belanglos. Ich nehme sie bewusster wahr, ich verstehe sie stärker als Geschenk, ja, ich feiere sie mehr.

In einer Zeit der Entbehrungen schreibe ich gegen den unbemerkten Ablauf der Zeit an. Weil ich nicht vergessen will, dass Lebenszeit unaufhaltsam vergeht, auch wenn wir sie mit wenig füllen. Mein Eindruck ist sogar: Die Zeit, sie läuft vor allem im Rückblick noch schneller ab, wenn es wenig Ereignisse gab, die uns zu Markern wurden, die uns bemerkenswert erschienen. Als wäre diese Zeit gar nicht da gewesen. Die Tage verschwimmen. Unser Zeitgefühl schwindet und damit auch ein entscheidendes Lebensgefühl: Was es nämlich bedeutet, am Leben zu sein.

Ich bin froh, dass ich Tagebuch schrieb. Auch noch in den Tagen, Wochen, Monaten, Jahren seit März 2020. Seit Beginn dieser neuen Zeitrechnung, die mit der Pandemie begann, jedenfalls fühlt es sich für mich danach an. Ich bin froh, dass ich heute nachlesen kann, wie ich meine Lebenszeit seitdem verbrachte, insbesondere wenn meine Erinnerung mich im Stich zu lassen scheint und ich immer wieder unsicher bin, ob sich etwa gestern ereignet hat oder schon vor zwei Wochen. Wann war nochmal Lockdown? Wann haben wir uns zum letzten Mal umarmt? Wann fühlte es sich plötzlich nicht mehr fremd an, eine medizinische Maske in alltäglichen Situationen zu tragen? Wann hatte ich Angst? Wann trat Gewöhnung ein? Wann verlor ich eine Hoffnung?

Das Lesen in meinen eigenen Lebensseiten, es offenbart ganz offensichtlich: Da war viel mehr, als ich im Rückblick erinnere. Wenn sich auch manchmal im Außen scheinbar nur wenig ereignete, eröffnete sich in meinem Inneren doch gleichzeitig eine ganz neue Welt. Ich machte neue Erfahrungen, kam an neue Grenzen und auf neue Ideen. Ich bin nicht mehr dieselbe, die ich vor März 2020 war. Leben hat nicht plötzlich aufgehört, weil es weniger Ereignisse gab, die mir in bleibender Erinnerung geblieben sind. Es gab so viel Entwicklung. Innen und auch außen.

Und auch wenn sich das Leben oft beschwerlich anfühlte, gab es trotzdem Schönes. Ich lese es nach: Wie der Frühling kam, trotz allem. Wie Kinder geboren wurden, trotz allem. Wie Menschen sich näherkamen, trotz allem. Wie geschrieben wurde, geholfen, getröstet, gehofft, gelacht, gelesen, getanzt und geliebt – trotz allem.

Ich lese nach, was es bedeutet, am Leben zu sein.

Einen Unterschied machen

Nach einer Lesung kommt eine mir unbekannte Frau auf mich zu. Sie möchte ein Buch signieren lassen, aber mehr noch als das scheint sie das dringende Bedürfnis zu haben, mir etwas mitzuteilen: »Wissen Sie, ich mag ja eigentlich alles, was Sie so schreiben«, sagt sie, »aber der Text, der am allermeisten mit mir macht, ist der über die Gleichzeitigkeit des Seins. Darüber muss ich mal nachdenken.« Ich muss lächeln, bedanke mich. Bücher signieren zu dürfen und so gelobt zu werden, macht mich immer etwas verlegen. Doch diesmal ist da noch ein anderes Gefühl: Tiefe Dankbarkeit. Darüber, dass es gelungen scheint, etwas zum Ausdruck zu bringen, was mir selbst so bedeutsam ist.

Dass es Resonanz erzeugt. Das ist im Grunde immer der schönste Effekt von Veröffentlichung: Resonanz. Dass das, was ich schreibe, nicht völlig beliebig bleibt, sondern bei anderen eine Reaktion auslöst, ein Gefühl erzeugt, eine Frage klärt oder aufmacht, ein Nachdenken anregt. Weil natürlich auch ich mit meinen Fragen und dem, was mich beschäftigt, nicht alleine bleiben möchte. Und so, wie ich von vielem inspiriert bin, ist es das größte Geschenk, wenn ich erfahren darf, dass auch ich andere zu etwas inspirieren konnte. Insbesondere, wenn es sich dabei um Themen handelt, die eine gewisse Tiefe in sich tragen.

Mein Text über die Gleichzeitigkeit des Seins stellt verschiedene Lebensrealitäten in den direkten Vergleich und offenbart damit die teilweise erschreckende Absurdität von Gleichzeitigkeit. Denn er spielt kurz vor Weihnachten und versucht zu verdeutlichen, wie unterschiedlich eine solche Zeit erlebt wird, je nachdem, wie und wo wir uns in diesem Moment befinden. Wie anders das Leben sein kann durch den bloßen Umstand, wo wir geboren werden, in welchem Geschlecht, in welcher Kultur. Wie anders das Leben ist, wenn die Taliban vor der Tür steht, es kein fließendes Wasser gibt, ein Kastensystem über den Wert eines Menschen bestimmt. Schon beim Schreiben musste ich schlucken. Denn im Grunde ist nichts davon ausgedacht. Persönlichkeiten mögen etwas verfremdet sein, aber die Realitäten dieser Leben existieren.

Während irgendwo ein Mensch geboren wird, stirbt anderswo ein anderer. Während irgendwo um Frieden gebetet wird, wird anderswo ein Krieg erklärt. Während irgendwo jemand vor Hunger in Ohnmacht fällt, lässt anderswo jemand sein Steak zurückgehen, weil es nicht den richtigen Garpunkt hatte.

So ist das die ganze Zeit. Und das Schreiben davon, dieses ehrliche In-den-Blick-Nehmen, kann eine ziemlich schonungslose Konfrontation mit eigenen Privilegien bedeuten, zeugt es doch von einer großen Ungerechtigkeit. Und verpflichtet mich auch zur Verantwortung, mir zumindest dieser Privilegien bewusst zu sein. Ist ja schön für mich, wenn ich mich in einer wohligen Wolke Weihnachtsglitzrigkeit einhüllen kann. Schöner wäre es, wenn das alle könnten, wie sie wollten.

Das Traurige am Schreiben ist, dass sich nicht alle Ungerechtigkeiten der Welt einfach wegschreiben lassen. Das Gute am Schreiben ist, dass nicht alle Ungerechtigkeiten der Welt verschwiegen werden müssen. Worte verändern vielleicht nicht gleich die ganze Welt. Aber Sprache schafft Wirklichkeit. Geschichten zu erzählen, auch wenn sie weh tun, kann einen Unterschied machen. Ich denke anders über die Gleichzeitigkeit des Seins nach, seitdem ich über sie geschrieben habe.

»Ich« schreiben dürfen

Ein Treffen mit Freundinnen. Wir haben uns lange nicht gesehen. Es gibt viel zu erzählen. Dabei wissen wir kaum, wo wir anfangen sollen. Schon die erste Frage, die wir uns gegenseitig stellen, sie scheint eigentlich zu groß: »Wie geht es dir?« Weil sie im Grunde immer nur für den Moment zu beantworten ist. Weil da vieles einzubeziehen wäre, wenn wir ganz ehrlich und ganz aufrichtig miteinander sein wollen. Selten ist die Antwort ein schlichtes »Gut«. Immer wäre dann mehr zu sagen, mehr zu erklären, mehr einzuordnen, mehr abzuwägen. Und dann ist da noch die Sache mit dem »Ich«: Irgendwann wurde mir bewusst, dass es fast immer, vor allem in Gesprächen mit anderen Frauen, nach einer Weile zu der Situation kommt, dass eine sagt: »Oh Gott, jetzt habe ich ja die ganze Zeit nur über mich geredet. Entschuldigt, erzählt ihr besser mal.« Und dann schweigt sie. Zieht sich zurück. Wirkt beschämt. Wie konnte sie so aus dem Blick verlieren, dass sie den größten Redeanteil hatte? Interessierte die anderen eigentlich wirklich, was sie da in einem unendlich lang scheinenden Monolog alles von sich gegeben hatte? Ob man sie nun wohl für zu ichbezogen hielt? Eitel? Selbstverliebt? Sich selbst wichtiger nehmend als andere?

Ich selbst bin diese Frau, die das denkt. Immer wieder. Ich ahne, das hat etwas mit meinen eigenen kritischen Stimmen zu tun, die vermutlich vor allem bedingt sind durch ein mir zutiefst eingeprägtes Bild davon, wie Frauen in unserer Gesellschaft zu sein haben: empathisch, aufmerksam, ausgleichend. Wer zu oft »Ich« sagt, steht schnell unter Verdacht, egozentrisch zu sein. Scheint wenig Gespür für eine Situation zu haben, mehr auf das eigene Befinden zu schauen als auf das der anderen.

Das Schlimme ist: Obwohl ich mich selbst genau daraufhin hinterfrage, bin ich nicht frei, andere ebenfalls danach zu bewerten. Auch ich trage das Wertesystem in mir, Bescheidenheit sei sympathischer als Selbstüberzeugung. Wer auf eine komplexe Frage antworten will, muss auch wirklich Ahnung haben. Wer auffallend erfolgreich ist, sollte besser mal erklären, wie das denn passieren konnte.

Das noch Schlimmere ist: Dieser Umstand, dieses kategorische Denken, dieses Abwerten, es spielt nicht nur in privaten Gesprächen mit anderen Frauen eine Rolle. Es scheint gesellschaftlich verankert. Warum sind in politischen Talkshows immer mindestens vier Männer, aber selten mehr als zwei Frauen zu sehen? Warum heißen in großen Firmenvorständen fast alle Mitglieder Thomas oder Michael? Warum gibt es viel weniger Unternehmensgründerinnen als Unternehmensgründer? Warum kochen in Fernsehkochshows so selten Frauen vor der Kamera? Warum lese ich auf Buchdeckeln und in Inhaltsverzeichnissen von theologischen Fachbüchern fast nur Autorennamen?

Diese Liste von Fragen könnte lang und länger werden. Der Gründe, warum das so ist, sind viele. Zum Glück schreiben viele kluge Frauen viele kluge Sachen darüber. Sie zu lesen, ihnen zuzuhören, lohnt sehr. Die Annahme jedenfalls, wir lebten in einer grundlegend gleichberechtigten Gesellschaft, halte ich für falsch.

Denn vielleicht reicht ja wirklich schon dieser kleine Umstand des nicht so oft »Ich«-sagen-Wollens, sogar unter Freundinnen, der zeigt: Es besteht ein Missverständnis, ein Missverhältnis. Wer »Ich« sagt, ist nicht automatisch egoistisch, nicht eitel, nicht arrogant. Schon gar nicht, wenn die zu der »Ich«-Antwort führende Frage ja war: »Wie geht es *dir*?« Wird uns diese Frage gestellt, sollten wir davon ausgehen dürfen, dass ein Interesse unseres Gegenübers besteht, davon zu erfahren. »Wie geht es dir?« sollte zeigen: Du bist gemeint. Erzähl mir von dir. Trau dich, »Ich« zu sagen.

Ich habe das Gefühl, dass das Schreiben zu einer schrittweisen Veränderung dieser verdrehten Haltung führen kann. Vielleicht beginnt es wieder beim Schreiben, zunächst für sich allein: Denn auf dem Papier ist Platz. Für jede Facette des Ichs. Hier findet keine äußere Bewertung statt. Wenn jeder Satz mit »Ich« beginnt, sei es so. Es gibt keinen schrägen Blick dafür, kein Augenverdrehen, kein Naserümpfen. *Ich* darf sein. Weder gibt es ein »zu groß« noch »zu klein«. Denn diese Art des Schreibens ist zuallererst eine Auseinandersetzung mit sich selbst. Es ist Selbstvergewisserung, Fokussierung, Klärung. Es ist eine Annäherung an das eigene Ich. Und das kann dazu führen, dass wir uns selbst ernster nehmen, anfangen, uns besser zu verstehen. Das Bemerkenswerte ist: Wer ein Gefühl für sich selbst hat, ist auch leichter in der Lage, sich in andere hineinzuversetzen. »Ich« zu sagen oder zu schreiben, bedeutet nicht nur »ich, allein« zu meinen. Viel häufiger führt es dazu, sich selbst auch mit anderen in Beziehung zu setzen.

Vor allem aber geht es um Sichtbarkeit: Schreibe ich »Ich« aufs Papier, sehe ich mich buchstäblich gemeint. Ich erkenne meine eigene Existenz an, betrachte sie als berechtigt, mehr noch als das: als gewollt. Kein Zufall. Nicht beliebig. Nicht austauschbar. Sondern wertvoll. Würdig und recht.

Und das macht etwas mit dem eigenen Selbstverständnis. Und das wiederum hat einen Effekt, der bis ins Außen wirkt. Sind wir uns unserer selbst bewusst, treten wir auch selbstbewusster auf.

»Ich« zu sagen, »Ich« zu schreiben, ist nicht gleich Ausdruck von Egozentrik. Es suggeriert nicht, man wüsste etwas besser als andere, man halte sich für klüger, schöner, wichtiger. »Ich« zu schreiben, bedeutet einfach, eine Perspektive einzubringen. *Meine* Perspektive. Sie ist eine von vielen. Teil vom großen Ganzen. Nicht mehr, aber auch nicht weniger wert als andere. Und genau deswegen wichtig. Sie vervollständigt ein Bild. Weist auf etwas hin. Setzt etwas in ein anderes Verhältnis, zeigt einen Missstand oder wirft eine Frage auf. Das ist übrigens nicht nur eine feministische Haltung, sondern sie gilt überhaupt. Denn das Persönliche wird auf diese Weise politisch. Weil es einen Unterschied macht, ob es nur eine oder aber mehrere Perspektiven auf etwas gibt. Veränderung geschieht nicht, wenn die, die dringend eine Veränderung bräuchten, nie zu Wort kommen, nie gehört werden, wenn sie unsichtbar bleiben.

Das ist ein Grund, warum ich gerne lese, was andere Frauen schreiben, sagen, fragen. Und das ist auch ein Grund, warum *ich* schreibe. Etwa dieses Buch, dem ehrlicherweise ein langes Zögern vorausging, das mich auch beim Schreiben immer wieder einholt. Denn so wie ich in Gesprächen dazu neige, mich selbst zu hinterfragen, ob mein Redeanteil vielleicht schon zu groß geworden ist, spielt auch die Frage nach der eigenen Bedeutsamkeit bei meinem öffentlichen Schreiben eine Rolle. Schnell ist da die Sorge, missverstanden zu werden, für überheblich gehalten werden zu können, für zu unreif, zu unreflektiert, zu unwissend, für alles Mögliche irgendwie.

Tatsächlich sind es Perspektivwechsel, die mich schließlich ermutigen, *doch* zu schreiben. Auch öffentlich, auch dieses Buch. Ich versuche, die Gespräche mit Freundinnen aus einer Außenperspektive zu betrachten: Wie absurd scheint es plötzlich, wenn wir uns beieinander entschuldigen, wenn wir einfach aufrichtig »Ich« sagen, nachdem wir genau danach gefragt wurden. Ich suche in Talkshows, in Inhaltsverzeichnissen, in Kabinettssitzungen und in Kirchen nach Multiperspektivität, nach Diversität, nach echten Abbildern der Gesellschaft – und vermisse sie schmerzlich. Ich denke an die Generationen, die gerade erst groß werden – wie gering ist ihre Chance auf eine freie Entfaltung ihres Seins, wenn sie von klein auf nur bestimmte Perspektiven zu sehen bekommen. Und andere nie.

Nachdem es mir einmal aufgefallen ist, kann ich nicht mehr übersehen, was passiert, wenn nur einige für sich in Anspruch nehmen, etwas zu sagen zu haben, und nicht alle. Es fehlt etwas. Debatten, Räume, ja ganze Lebensbereiche bleiben sonderbar eindimensional. Das wird der Welt nicht gerecht, das macht die Welt nicht gerecht.

Nicht umsonst ist ein Motto, ein Markenzeichen meiner Arbeit – und auch der Titel dieses Buches – »Schreiben ist Gold.« Nicht Schweigen. Dazu lade ich andere ein, dazu ermutige ich, und dazu ermahne ich immer auch mich selbst: Sei nicht so leise, nicht so angepasst, nicht so vorsichtig. Trau dich, »Ich« zu schreiben. Deine Perspektive einzubringen. Sie ist eine von vielen. Nicht mehr, aber auch nicht weniger wert als andere. Und deswegen wichtig.

Was sein könnte

Meine Hoffnung ist: Durch das Schreiben lassen sich Grenzen auflösen. Vor allem die im Kopf. Weil das Schreiben etwas zeigt, offenbar macht oder offensichtlich. Vielleicht zuerst einen Istzustand, eine Wahrnehmung der Welt, eine Herzenshaltung. Ein geschriebener Gedanke kann zum Gegenstand weiteren Nachdenkens werden. An ihm lässt sich weiterschreiben, weiterdenken. Manchmal braucht es dazu scheinbar viel Fantasie. Wenn etwas eingefahren scheint oder ausweglos, unveränderbar gar, dann fügt die Fantasie etwas hinzu. Eine andere Dimension, einen Ausweg, eine Veränderung. Sie geschieht zunächst nur auf dem Papier, aber die Fantasie, ich glaube, sie ist auch die Freundin der Utopie, und sie fragt daher mutig und mit hoffnungsvoller Überzeugung: Warum soll nicht das, was du hier schreibst, eines Tages wirklich Wirklichkeit werden? Oder um es mit Pippi Langstrumpf zu sagen: »Das haben wir noch nie gemacht, also wird es sicher gut.«

An anderer Stelle schrieb ich schon einmal: Sprache schafft Wirklichkeit. Heute stutzen viele von uns, wenn immer nur maskuline Formen verwendet werden, wenn von einer Gruppe die Rede ist, zu der offensichtlich auch nicht-männliche Personen gehören. Manche Worte sind zu Recht aus unserem Sprachgebrauch gestrichen, weil sie rassistisch sind oder antifeministisch, jedenfalls definitiv diskriminierend, und ich werde mich hüten, diese Worte hier zu nennen und sie damit doch zu reproduzieren, sie noch weiter in die Welt zu tragen. Das Streichen dieser Worte streicht leider nicht sofort sämtliches diskriminierendes Denken, aber es sorgt hoffentlich, auf lange Sicht gesehen, zumindest für ein Umdenken, ein Aufmerken. Genauso ist es auch mit dem, was wir hinzufügen, erweitern. Aus Lehrern werden auch Lehrerinnen, werden auch Lehrer*innen. Eine Unterbrechung im Sprachfluss, eine gelassene Lücke, ein Sternchen, das anzeigt: Hier ist mehr möglich. Denken wir doch nicht so eindimensional. Feiern wir die Vielfalt. Sprechen und schreiben wir davon, schaffen wir selbst die Veränderung, schaffen wir selbst die Wirklichkeit.

Und so schreibe ich manchmal auch von dem, was (noch) nicht ist, aber sein könnte. Ich tue so, als ob, übe mich im »divergenten Denken«, wie Joy Paul Guilford, ein US-amerikanischer Intelligenzforscher, das nannte. Es bedeutet, dass ich mich offen halte, experimentierfreudig bin, und auch Fragen wage, deren Antworten einen Unterschied machen könnten – zumindest einen im Denken: Wie wäre es, wenn sich Präsident Putin mit einem ukrainischen Kind treffen würde? Was würde er antworten auf die Frage: Warum machst du Krieg? Wie wäre es, wenn wir Menschen, die vor unserer Zeit gelebt haben, zum Gespräch treffen und um Rat fragen könnten? Auf eine Zigarette mit Hannah Arendt, auf ein Glas Wein mit Roger Willemsen, auf einen Teller Köttbullar mit Astrid Lindgren? Wie wäre es, wenn Himmel und Erde sich berühren würden und die Welt eine andere werden würde dadurch?

Mich in andere Schuhe schreiben

Meine Freundin Natalia schreibt und spricht häufig davon, wie lohnenswert es ist, sich ab und an mal in die Schuhe einer anderen Person zu stellen. Um eine andere Perspektive einzunehmen, einen anderen Blick auf eine Situation zu bekommen, vielleicht sogar ein anderes Lebensgefühl. Weil das einen Unterschied macht. Es kann zu mehr Verständnis führen, zu Akzeptanz, Toleranz, Solidarität. Es verdeutlicht die eigenen Privilegien und die Notwendigkeit, diese immer mal wieder zu überprüfen. Es weitet die Welt.

Ich versuche das oft schreibend. Ich schreibe mir ein Paar Schuhe, das so eigentlich nicht in meinem Schuhschrank zu finden wäre. Wie das geht? Zunächst durch Beobachtung, oft auch durch Gespräche, und dann schließlich, indem ich einen Text schreibe, der nicht nur meine eigene Perspektive in sich trägt, sondern nach Möglichkeit auch die von anderen Personen.

Auf dem Papier schlüpfe ich hinein in die Schuhe von anderen, nehme eine andere Größe an, einen anderen Stil, eine andere Haltung – und laufe damit ein paar Schritte. Manchmal schlappe ich zunächst heraus, weil die Schuhe viel zu groß für mich sind oder zu ausgetreten oder weil ich noch nie besonders gut auf hohen Absätzen laufen konnte. Und so muss ich das Laufen in den mir fremden Schuhen erst üben. Meine Gangart wird eine andere, ich schlurfe mehr oder eile daher. Ich bin größer als normalerweise oder deutlich kleiner. Der Weg, den ich gehe, fühlt sich anders an. Ich werde oft angeschaut oder aber gar nicht beachtet, so als wäre ich nicht da.

Die Schuhe machen, dass ich ein Kind bin, eine alleinerziehende Mutter, eine Person of Color, ein Mensch mit Gehbehinderung, eine Person mit Angst.

Es sind nur Schuhe, in die ich schlüpfe, kein ganzes Leben. Mein Bewusstsein für die Lebenssituation anderer, es bleibt weiterhin nur ein kleines. Ich eigne sie mir nicht ungefragt an, gebe sie als meine eigene aus. Und doch, für einen kurzen Moment, füge ich meiner eigenen Wahrnehmung eine andere hinzu. Ich versuche offen zu sein für die Frage: Wie fühlt sich die Welt aus deiner Perspektive an? Wie ist es, in deinen Schuhen zu stehen? Was habe ich bisher übersehen?

Und das schreibe ich auf. So genau wie möglich. So genau, wie ich es verstanden zu haben glaube. So genau, wie es mir andere erzählten. Ich schreibe Schuhe. Manchmal schlüpfen auch andere beim Lesen in sie hinein.

Aus dem Vollen schöpfen

Immer wieder merke ich, wie sehr ich den Prozess liebe, den es braucht, damit ein neues Projekt entsteht. Alles ist dann Inspiration. Keine Idee zu groß. Alles Mögliche möglich. Und alles Unmögliche auch.

Ich blättere mich durch Bilderbücher und Zeitschriften, kann keinen Roman mehr lesen und keine Serie mehr sehen, ohne zu denken, was man daraus doch für eine famose Schreibanregung machen könnte, klebe hier ein Post-it hin und hänge da ein Wort an eine Wäscheleine, schaue YouTube-Videos, in denen Menschen verrückte Dinge tun, lege im Drogeriemarkt eine Flasche Haarspray in den Einkaufswagen (man weiß nie, was man beim nächsten Workshop alles haltbar kriegen will!), höre Musik von Reinhard Mey über Dota Kehr bis hin zu Prinz Pi (allesamt einfach großartige Geschichtenerzähler*innen), male besser schon mal selbst ein paar Kreidebuchstaben auf Asphalt und schnitze aus einer Kartoffel einen Stempel, hinterlasse nasse Fußspuren in der ganzen Wohnung, um von der Dusche zum Schreibtisch zu eilen, um eine fixe Idee zu notieren, und frage eine Freundin via WhatsApp, ob sie wüsste, wo man viele Meter Klebeband für wenig Geld kaufen könne. Ich bin ganz bei mir in dieser Zeit und doch gleichzeitig so sehr in der Welt verhaftet wie selten sonst. Alle Antennen ausgerichtet. Und abends so erschöpft und doch auch so glücklich, als wäre ich erfolgreich einen Marathon gelaufen.

Und ein paar Wochen oder manchmal auch erst Monate später zeigt sich dann, was aus all dem geworden ist, aus welchem Zufall ein Einfall wurde, was wichtiger Wegweiser fürs Weiterdenken war und was nur eine Randnotiz. Jedenfalls nichts davon unnütz.

Gleichzeitig ist dieses Umgebensein von allem manchmal auch zu viel. Wenn es keine Trennung mehr zu geben scheint zwischen eigenen Gedanken und denen von anderen. Wenn alles so laut zu mir spricht, dass ich meine eigene Stimme kaum noch hören kann. Das kann sehr verunsichernd sein, weil neben der ohnehin schon oft quälenden Frage: »Was habe ich eigentlich noch Neues zu sagen?«, noch einige weitere dazukommen: Welche Worte sind wirklich meine? Wo endet das Inspiriertsein von anderen und wo beginnt meine eigene Schöpfung? Gibt es das überhaupt, das ganz Eigene? Wenn doch alles miteinander verbunden ist? Der Engel schon im Marmor steckt und nur G*tt wirklich schöpft, während wir anderen im Grunde nur kopieren?

So oft schon lag ich nach einer Textabgabe abends im Bett und fragte mich, ob ich etwas übersehen haben könnte. Einen Gedanken, zu dem mich eine andere Person inspiriert hatte, vielleicht nicht ausreichend genug als solchen gekennzeichnet oder gar ganze Worte oder Textpassagen übernommen zu haben, weil sie mir durch wiederholtes Lesen und Nachsinnen mit der Zeit so vertraut geworden waren als wären es meine eigenen. Ich muss gestehen, dass mir so etwas schon passiert ist und dass der Moment des Entdeckens durch mich selbst ein scheußlicher war und mit großer Scham verbunden. Weil mir doch nichts ferner liegt, als Worte von anderen zu klauen und einfach für meine eigenen auszugeben.

Was mir hilft, mich zumindest ein wenig von dieser großen Verunsicherung zu befreien, ist das Gespräch mit anderen Kunstschaffenden, von denen das so viele zu kennen scheinen: diese enorme Erwartung an sich selbst, permanent etwas Neues zu kreieren, am besten etwas nie zuvor Dagewesenes. Unikate und Einzigartigkeiten. Es tröstet, darum zu wissen, dass auch andere das kennen – und trotzdem Kunst machen. Ihr ganz eigenes Ding, dann doch. Weil es wohl immer auch auf den Kontext ankommt, in dem etwas entsteht. Vermutlich gibt es kein Wort, vielleicht nicht mal einen Gedanken, der nicht schon einmal gedacht und dann wieder verloren ging. Doch je nach Zeit, Umstand, Ausdrucksform – und vor allem auch Persönlichkeit –, können diese Worte und Gedanken dann doch nochmal sehr neu, sehr anders klingen.

Und dann ist da auch noch die ursprüngliche Bedeutung des Wortes »Inspiration«, die mich am Ende doch ruhiger einschlafen lässt – also nicht mit der schamlosen Absicht zu plagiieren, sondern mit dem Bewusstsein, dass inspiriert zu sein meint, »eine erhellende Idee zu haben, die jemanden, besonders bei einer geistigen Tätigkeit, weiterführt«, so schreibt es der Duden. Es geht immer auch um das Weiterführen eines Gedankens. Als Schreibende sind wir Übersetzer*innen. Wir übersetzen unsere Wahrnehmung der Welt in Worte. Und diese Wahrnehmung, die ist, trotz aller äußeren Einflüsse, am Ende einzigartig.

Schaue ich gleichzeitig mit einer anderen Person aus dem Fenster, so sehen wir vielleicht beide die parkenden Autos vor dem Haus und den jungen Mann mit dem Kinderwagen, der daran vorübergeht, aber wir werden vermutlich nicht die gleichen Worte zur Beschreibung wählen. Unser jeweiliger Ausdruck für unsere Eindrücke wird sich unterscheiden. Wahrscheinlich würden wir unterschiedliche Details benennen, wahrscheinlich schon überhaupt unterschiedliche Details bemerken. Der anderen Person fällt möglicherweise vor allem der Fischaufkleber auf der Heckklappe eines Autos auf und sie denkt gleich über christliche Symbole nach und inwiefern sie im Alltag überhaupt noch sichtbar werden, weil das gerade Thema im Studium der Religionspädagogik war. Mich erinnert der junge Mann mit dem Kinderwagen vielleicht an meinen Vater und das Kind im Wagen vielleicht an mich selbst, weil das ein Abbild meiner eigenen Lebensgeschichte sein könnte – heute einmal aus dieser Fensterperspektive betrachtet.

Wir blicken in dieselbe Richtung und sehen doch nicht Dasselbe. Die Welt hält uns einen Spiegel vor und wir schauen dabei allzu oft in unser eigenes Gesicht. Und das führt zu einem plötzlichen Einfall, einer Erkenntnis, einem Wiedererkennen. Und vielleicht ist es das, was am Ende das Fremde vom Eigenen unterscheidet. Vielleicht ist es das, was es am Ende zu Kunst machen kann.

Nicht Leistung, Leben!

Mein Patenkind Malou lernt seit einer Weile Lesen und Schreiben. Es ist das erste Mal für mich, dass ich von außen und doch ganz nah miterlebe, wie so etwas geht. Wie die Welt buchstäblich größer wird, wenn man erst lesen kann. In einem Brief – in großen Druckbuchstaben, die auch schon eine Erstklässlerin entziffern kann – schrieb ich ihr, dass sie ab jetzt nie mehr *nicht* lesen können wird. Und dass ich ihr wünsche, dass sie das nie verliert, diese Freude über das Entdecken neuer Welten durch Worte. Dabei ahne ich schon: Auch ihr Lesen und Schreiben wird Bewertungen ausgesetzt sein. Dann geht es nicht mehr nur ums Leben, sondern um Leistung.

Ich ahne das, weil mir immer wieder Menschen begegnen, die von sich sagen, sie könnten nicht schreiben, dabei sind sie nach klassischer Definition keine Analphabet*innen. Doch bis heute haben sie die Erfahrung nicht vergessen, ein Schreibheft mit roten Anmerkungen zurückzubekommen, mit leuchtenden Hinweisen auf Fehler und falsche Formulierungen, mit einer Note, die sagt: Das, was du schreibst, ist mangelhaft, genügt nicht.

Dadurch wurde vermutlich schon so manche Kreativität bereits im Keim erstickt. Viele Geschichten wurden deswegen nie geschrieben. Mancher Eindruck blieb ausdruckslos. Nicht weil die Worte gefehlt hätten, sondern das Vertrauen in die eigene Sprachfähigkeit.

Ich bin überzeugt: Rechtschreibfehler zu machen, eine Grammatikregel nicht in Perfektion zu beherrschen oder um so manchen Ausdruck noch ringen zu müssen, bedeutet nicht, dass man nichts zu sagen hätte.

In der Mittelstufe, im Unterrichtsfach »Geschichte – Sozialwissenschaften«, verglich eine Lehrerin regelmäßig meine Klausur mit der einer Mitschülerin. Ich schriebe »Barock«, die andere »Bauhaus«, so nannte sie das. Frei von Wertung. Sie stellte einfach fest, dass wir sehr unterschiedliche Stile hatten, das Gleiche auszudrücken. Wir kamen beide zum selben Ergebnis und bekamen daher auch dieselbe Note. Ich rechnete ihr das hoch an. Dass sie uns so sein ließ, wie wir waren. Nicht die eine bevorzugte, die weniger Worte brauchte, oder aber die andere, die ausschmückender schrieb. Was für sie zählte, war, dass wir in der Lage waren, unsere Gedanken auszudrücken – in unserem je eigenen Stil. Das war für sie von Wert. Und mir ist es das bis heute. Und deswegen schreibe ich Malou, stellvertretend vielleicht für viele andere, die das auch mal lesen müssten: Es geht nicht um Leistung, es geht ums Leben. Vergiss das nie, dass du was zu erzählen hast, dass deine Sicht der Welt von Wert ist, und die Worte oder Bilder, die du findest, um davon zu erzählen, sind immer genau die richtigen, weil es deine sind.

Warum Schreiben Gold ist

Worin sind wir verwoben, mit wem sind wir vernetzt? Was sind die Knoten, an denen wir uns festmachen? Und was hält uns verbunden – mit damals und jetzt?

Fragen wie diese, die uns in einem Seminar zum Schreiben inspirieren, fast immer sind es auch meine eigenen. Mindestens einmal haben sie mich schon beschäftigt, habe ich sie mir schon selbst gestellt. Meist jedoch öfter. Weil es Lebensfragen sind. Sie berühren Existenzielles, Grundlegendes. In ihnen liegt Wesentliches. Ich stelle diese Fragen nicht ohne Grund. Sie laden dazu ein, sich selbst auf den Grund zu gehen. Und die Antworten auf diese Fragen, sie können unterschiedlich ausfallen. Je nachdem, wo wir gerade stehen. Das Schreiben lässt uns nach Antworten graben. Es führt in die Tiefe. Es legt etwas frei. Auch das ist ein Grund, warum mir die Worte »Schreiben ist Gold« so nah sind, warum ich sie als Motto und Markenzeichen, Instagram-Name und Buchtitel wähle. Weil sich das Schreiben anfühlen kann, wie nach Gold zu schürfen. Wir bleiben nicht nur an der Oberfläche, sondern fragen, was darunter liegt. Das ist nicht selten auch mit Anstrengung verbunden. Weil es bedeutet, Schichten abtragen zu müssen, die uns zunächst die Sicht versperren. Oft ist der Kern, das Gold, zu dem wir vordringen wollen, zunächst wie verschüttet. Und so schreiben wir uns nur langsam daran heran. Wenn aber schließlich vor uns liegt, was wir wissen wollen, was uns ausmacht, was uns wertvoll ist, dann ist das wie das Ende einer Schatzsuche: Gold in unseren Händen, Gold in unseren Herzen. Ein Gewinn, ein Geschenk. Wertvoll für unser Weiterleben.

Ich habe in meinem Leben schon nach vielen Schätzen gesucht. Vor allem in ganz jungen Jahren, bei Kindergeburtstagen.

Da war fast immer eine Schatzsuche eingeplant. Und wir Kinder taten unser Bestes, uns in Geschicklichkeit, Ausdauer und Logik zu beweisen. Wir rannten um die Wette, lösten Knobelaufgaben und kletterten auf Bäume, um einen weiteren Teil einer Schatzkarte zu ergattern oder um einen nächsten Hinweis darauf zu bekommen, wo der Schatz, den es zu suchen galt, versteckt sein könnte. Je nach Alter – oder auch Temperament der Eltern – wurden wir angefeuert und ermutigt zum Kooperieren oder aber Konkurrieren. Hauptsache am Ende stießen wir auf eine vergrabene Kiste, in der Süßigkeiten enthalten waren, die unsere Hände klebrig und unsere Kinderseelen zufrieden machten. Und so sehr wir uns auch über die Naschereien freuten, so war auch damals bereits das erlebbar, was heute manchmal ein bisschen platt dahergesagt klingt, und doch oft stimmt: Der Weg war schon das Ziel. Wir hatten einen grandiosen Nachmittag, fühlten uns wie auf einer Expedition. Hätte es gleich zu Beginn des Kindergeburtstags eine Kiste voll mit Süßigkeiten gegeben, sicher hätte uns das auch glücklich gemacht – aber vielleicht sehr viel kürzer. Ich stelle mir vor, dass es dann einfach Süßigkeiten gewesen wären, die wir zwar dankend angenommen und aufgegessen hätten, aber die sich für uns nicht unbedingt nach einem Schatz angefühlt hätten. Erst die Suche danach machte sie besonders. Ein bisschen magisch war das. Abenteuerlich. Wir ließen uns von den Fragen bewegen: Welcher Schatz mag hier versteckt sein? Und werden wir ihn finden?

Schon die Suche war Teil des Findens. Weil wir ja auch unterwegs schon das Gefühl hatten, etwas zu gewinnen: neue Hinweise, Schatzkartenteile, Erkenntnisse, dazu Freude am Entdecken, Neugier, Verbundenheit mit anderen und das Gefühl, etwas Großem auf der Spur zu sein.

Ähnliches erlebe ich beim Schreiben und darf das auch bei anderen beobachten: Nicht immer ist der Schatz nur am Ende zu finden. Das Gold liegt schon auf dem Weg. Eine Frage, eine Anregung, ein Anlass zum Schreiben lädt uns ein, dem eigenen Gefühl zu folgen und dabei ruhig auch mal Abzweige zu nehmen, die uns noch in ganz andere Richtungen führen können. Denn es gibt nicht immer nur *eine* Antwort, die am Ende steht und aufzuspüren ist. Viel eher ist es eine Vielzahl, ein Mehr an Möglichkeiten. Und jede Erkenntnis, die wir durch das Schreiben gewinnen, bringt uns auch auf die Spur zu einer weiteren. Wie bei einer Schnitzeljagd, wie bei einer Schatzsuche. Und so gibt es schon unterwegs Momente, die uns wertvoll werden. Worte, Sätze, Bilder, die schimmern wie Gold.

Wenn wir etwa über das Verwobensein in der Welt schreiben, dann kann uns das zum Nachdenken anregen über Verbundenheit und Vernetzung, Globalisierung, das Internet, Grenzen und Freiheiten, Europa, den Brexit. Oder aber wir denken über Webrahmen nach, über Strickliesеln und Handarbeitsunterricht, über rote Fäden und lose Enden, über Wollknäuel, Omas in Schaukelstühlen, Katzenbabys. Und nichts davon ist falsch oder verkehrt. All das kann ein Goldnugget auf dem Weg sein. Weil es uns verbindet mit dem, was uns beschäftigt. Es sagt etwas über uns aus. Es knüpft an, an unser Leben, unsere Wahrnehmung der Welt, eine Erinnerung, ein Gefühl, an einen Teil unseres Seins.

Ich glaube, Assoziation und Intuition hängen dabei oft zusammen. Wie wir assoziativ auf etwas reagieren, steht in unmittelbarer Verbindung mit einem Gefühl für uns selbst. Dieses Gefühl greift zu auf den Schatz der Erfahrungen, die wir bereits gemacht haben, es verbindet uns mit einem tief verinnerlichten Wissen um die Welt, wie sie uns vertraut ist. Manchmal ist das ein Vorgang von Sekunden: Wir hören, lesen, sehen etwas und ein Feuerwerk wird in uns entfacht. Wie wir das bewerten, was da zu uns spricht, folgt nicht unbedingt einer nachvollziehbaren Logik. Viel eher ist es ein Nach-innen-Schauen. Im Bruchteil einer Sekunde. Eine Art Abgleichen: Was sagt mir das? Was fühle ich dabei? Wohin führt mich das?

Im Schreiben kann dieser Sekundenabgleich Raum bekommen. Vor allem, wenn wir eine Assoziation nicht gleich als unpassend oder falsch abtun, sondern ihr mit Neugier begegnen. Eher mit der Haltung »Ach, das ist ja interessant« als mit »Was soll denn der Quatsch schon wieder?«.

Manchmal habe ich das Gefühl, dass ich im Schreiben zu den Quellen vordringe, aus denen sich mein Leben speist. Hier ist alles gespeichert. Hier gibt es ein Grundgefühl, auf das zu vertrauen sich lohnt. Das Schreiben lässt diese Quelle und dieses Gefühl klarer erscheinen. Ich spiegle mich selbst darin. Die Worte, die ich zu Papier bringe, sind ein Abbild dessen, wie ich denke, fühle, bin.

Ich erlebe das als ein Goldgefühl meines Daseins. Dass es da etwas in mir gibt, dem ich vertrauen kann. In Sekundenschnelle. Ich muss eine Situation nicht immer unbedingt rational erklären und bewerten können, meine Emotion dazu genügt. Sie kann mir ein Kompass sein, mir die richtige Richtung zeigen. Im Schreiben werde ich achtsamer dafür. Es gelingt mir leichter, mich in meinem Gefühl ernst zu nehmen. Steht es Schwarz auf Weiß geschrieben, traue ich ihm mehr.

Und so ist das Schreiben schließlich wirklich wie eine Schatzsuche: Am Anfang steht eine Frage: Wo könnte der Schatz versteckt sein? Und dann gibt es Hinweise, Anregungen und Ideen, Inspirationen und Assoziationen, die uns auf eine Spur bringen. Und wir schreiben uns mal hierhin und mal dorthin. Sammeln ein, was uns begegnet, setzen Teile neu zusammen, bis manchmal ein Bild entsteht oder eine Karte, die uns hilft, uns zu erinnern, wo genau wir nochmal sind. Und all das fühlt sich schon nach Gewinn an, nach Süßigkeiten als Proviant für den Weg. Und so sind wir ermutigt, uns immer näher heranzuschreiben an die Quelle, die in uns ist. In der es funkelt und glitzert und glänzt. Weil darin das Gold liegt, der Schatz. Und wir können daraus schöpfen, wieder und wieder, und doch versiegt diese Quelle nie.

Liebe Erinnerung!

Du bist mir eine Schatzkammer. In dir schimmert Vergangenes. Schönes. Auch Schweres. Aber alles in allem Kostbares.

Du gewährst tiefe Einblicke, in das, was einmal war, und lässt mich sehen, die, die ich einmal war. Du enthältst das, was mich geprägt hat. Dieses Grundsätzliche lässt mich Grund-Sätze bilden. Nach ihnen lebe ich weiter.

Du bestehst aus Bildern, Worten, Zeiten – sie werden mich begleiten. Du bist Gesammeltes, Gesuchtes und Gefundenes. Dich kann mir keiner nehmen. Dein Wert ist groß für mein Leben.

Deine Hanna

Der eigenen Geschichte Wert geben

Geschichten in Schichten

Wir sind keine unbeschriebenen Blätter. Nicht mal ganz am Anfang unseres Lebens. Denn unsere jeweiligen Lebensgeschichten, sie reichen weit, stehen nie nur für sich, sondern sind immer auch Teil einer noch viel größeren Geschichte. Einer Familiengeschichte, der Geschichte eines Landes oder einer Liebe, eines Verrats oder einer Flucht. Jedenfalls immer Teil der Menschheitsgeschichte.

Unsere Geschichten sind wie ein Erbe. Wir tragen es weiter, tragen es mit. Ob wir wollen oder nicht. Manchmal kann das schwer wiegen und uns dabei behindern, unsere eigene Geschichte selbstbestimmt weiterzuschreiben, wenn darin doch so viel Schweres zu schlummern scheint. Denn unser persönliches Erzählen, unser Erleben des Lebens ist stets auch geprägt von den Geschichten, in die wir hineinerzählt wurden. Manches davon wirkt vielleicht verschüttet. Als hätten wir nicht unbedingt einen Zugriff, zum Beispiel auf ein bestimmendes Lebensgefühl, von dem wir uns schon oft gefragt haben, warum wir es so stark empfinden.

Einmal durfte ich in einer Online-Veranstaltung des Playing-Arts-Kollektivs »Kaffee und Kunsten« zu Gast sein. Die vier Initiatorinnen des Kollektivs laden in unregelmäßigen Abständen auf Facebook und Instagram dazu ein, sich mitten im Alltag zwanzig Minuten lang gemeinsam auf einen kurzen Spiel-, Kunst- oder Schreibimpuls einzulassen. Wer mag, kann am Ende ein Bild davon und/oder seinen Text mit anderen teilen. Oft trägt diese Verbindung von Kunst und Spiel eine besondere Kraft in sich und entfaltet nicht selten eine große Sinnhaftigkeit.

So inspirierte »Kaffee und Kunsten« mich und andere etwa dazu, am 8. Mai, am Tag der Befreiung vom Nationalsozialismus, durch künstlerische Ausdrucksformen und Spielarten auch die eigene Lebensgeschichte einmal im großen Zusammenhang von Krieg und Befreiung zu betrachten. Was zunächst herausfordernd wirkte, gehörten doch alle Teilnehmenden Nachkriegsgenerationen an, offenbarte schließlich eine große Tiefe. Indem wir nämlich im Wort »Geschichten« auch das oder die »Schichten« würdigten, wurde deutlich, inwieweit etwa unser Blick auf die deutsche Geschichte davon geprägt war, wie unsere Vorfahren sie erlebt hatten. Schicht um Schicht aufeinandergelegt, bildete sie so auch die Basis unserer Geschichte.

Mir hilft dieses Bild sehr: dass Geschichten aus vielen Schichten bestehen. Dass ich geprägt bin von dem, was Menschen, denen ich angehörig, zugehörig bin, vor mir erlebten. Dass meine Geschichte schon einen Anfang nahm, noch bevor es mich gab. Es tröstet mich, nicht jeden Grund meines So-Seins allein in mir selbst finden zu müssen. Geschichte setzt sich zusammen aus vielen Schichten. Auch meine Lebensgeschichte. Und es lohnt sich, sie abzutragen. Schicht um Schicht, sich ab und an zu fragen: Was liegt darunter? Was ist vergraben? Warum bin ich so, wie ich bin? Warum bin ich, die ich bin?

Nicht auf alles finde ich Antworten. Weil manche Schicht sich nicht abtragen lässt. Weil nicht alles ausgesprochen, aufgeschrieben ist, was ist. Aber manchmal bekomme ich eine Ahnung und es fällt mir leichter zu verstehen. Mich selbst und die, die vor mir waren, meine Ahnen.

Blättere ich durch die Bilder meiner Kindheit, die meine Mutter einst in Alben klebte, ist es, als liefe ein Film von früher vor meinen Augen ab. Ich kann nachschauen, welche Kleider ich damals trug, was ich zu Weihnachten geschenkt bekam, wer mit mir am Geburtstagstisch Platz nahm. Ich kann sehen, wie wir alle älter geworden sind. Dass ich manchen meiner Verwandten zunehmend ähnlicher sehe. Ich kann auch nachgucken, wer damals Teil meines Lebens war, und heute nicht mehr. Diese Bilder, sie sind mir ein Schatz. Vor allem die aus der ganz frühen Kindheit. Ich betrachte sie, als betrachtete ich einen anderen Menschen als mich selbst. Dabei setzen sich diese Bilder in meinem Kopf zu einem Gesamtbild zusammen, von dem ich zunächst ausgehe, dass es stimmt. Denn sie zeigen vermeintlich: Ich muss ein glückliches Kind gewesen sein. Glaubt man den Bildern im Album, bestand meine Kindheit jedenfalls nur aus Urlauben und Geburtstagen, Ostern und Weihnachten, Karneval und Klassenfesten. Auf den Fotos weine ich fast nie. Mein Leben ist ein Lächeln. Mein Leben ist ein Fest. So scheint es.

Dabei fehlt natürlich etwas. Bilder sind immer nur ein Ausschnitt der Wirklichkeit, zeigen nur eine Dimension.

Eine Schreibanregung, zu der ich immer mal wieder einlade, und die ich auch selbst schon manches Mal zum Schreibanlass nahm, ist, eine Fotografie aus der eigenen Biografie auszuwählen und dann davon zu schreiben, was man auf diesem Bild *nicht* sieht. Weil das Foto nur eine Perspektive zeigt, nur einen Ausschnitt vom großen Ganzen. Weder hört man, was die Menschen auf dem Bild sagen, noch weiß man, wie warm es ist, ob es schon nach Grillwürstchen riecht oder ob der lächelnden Momentaufnahme am Mittag ein heftiger Streit am Morgen vorausgegangen ist. Man sieht auf dem Bild *nicht*, dass es das letzte in meinem Fotoalbum sein würde, auf dem auch B. zu sehen ist. Noch im selben Jahr starb er. Man sieht *nicht*, wer das Foto machte. Man sieht *nicht*, wie das Leben nach diesem Schnappschuss weiterging.

Der Film vor meinen Augen, er ist ein Stummfilm. Die fehlende Tonspur, ich kann sie nur erahnen. Doch durch das Schreiben, zum Beispiel von dem, was man *nicht* sieht, ist es manchmal, als kehrten Erinnerungen zu mir zurück, von denen ich nicht unbedingt wusste, dass ich sie noch in mir trage. Das Bild erweitert sich, wird umfassender, komplexer. Auch persönlicher. Weil es Nuancen enthält, die nicht unbedingt für jeden zu wissen bestimmt sind. Ich kann verstehen, dass in meinem Album eher die Hoch-Zeiten abgebildet sind als die Schattenseiten. Und es ist schön, das eigene Leben auf diese Weise zu betrachten. Will ich jedoch noch mehr erinnern, noch mehr verstehen, dann versuche ich, mich zurückzuschreiben. An diesen Tag im September 2002. Erster Schultag auf der weiterführenden Schule. Und dann füge ich dem Bild von dem stolz aussehenden Schulkind vor dem großen Schultor auch noch das Herzklopfen hinzu, das Unbehagen, das es damals fühlte. Die Sorge, es könnte sich im großen Schulgebäude verlaufen. Die Angst, hier vielleicht fehl am Platz zu sein, doch noch viel zu klein. Und ich füge zum Gesamtbild auch diesen feinen Schmerz des Begreifens hinzu, nie wieder Grundschulkind zu sein, zum ersten Mal einen Lebensabschnitt ganz bewusst hinter sich zu lassen und nie wieder dorthin zurückkehren zu können. Und schließlich schreibe ich auch noch auf, was dieses Mädchen da auf dem Bild noch nicht weiß. Dass sie Freundinnen finden, Sechsen in Physik bekommen und verliebt sein wird. Und dass ein Lebensabschnitt zwar wirklich unwiederbringlich vorüber ist, aber ein anderer folgt, auf den sie später gerne einmal zurückschauen wird. Weil er sie viel vom Leben gelehrt haben wird.

Das biografische Schreiben, es ist wie eine Tonspur, die den Bildern meines Lebens hinzugefügt wird. Das Wort »Biographie«, es kommt vom Altgriechischen βιογραφία, biographia, und setzt sich zusammen aus den beiden Worten »Leben« und »Schreiben«. Biografie heißt also so viel wie »Leben schreiben«. Schreibe ich biografisch, schreibe ich Lebensgeschichte. Darin lesen zu können, ist viel wert.

Gegen das Vergessen

Niemand weiß, wie die Zukunft werden wird. Das war schon immer so. Wir kennen das Morgen nicht. Wir können es nur ersehnen, erträumen, erhoffen. Unsere Geschichten aber, sie sind geprägt von dem, was war und was ist. Wir stehen auf den Schultern unserer Ahnen, tragen ihre Geschichten in uns, fügen unsere Sätze im Jetzt hinzu, vertrauen darauf, dass das Morgen unsere Geschichte weiterschreiben wird. Aber wir wissen es nicht. Trotzdem ist es gut, dass festgehalten wurde, was einst war.

Als Kind las ich Anne Franks Tagebuch. Und sah einen der Filme, der über sie gemacht wurde. Ich erfuhr dadurch, dass Menschen sich vor den Nazis versteckt hatten. Auch Kinder. Es war, als erzählte Anne mir davon. In ihren Worten. Und ich fürchtete mich, und ich erschrak, und ich war auch fasziniert. Eine sonderbare Gefühlsmischung war das, so erinnere ich es. Vielleicht besonders dadurch bedingt, dass mir ein Kind vom Krieg erzählte, während ich selbst noch ein Kind war, ein paar Jahre jünger als sie. In einer anderen Zeit.

Mit Anne Frank begann meine Auseinandersetzung mit der Shoa. Durch das, was Anne schrieb, fing ich an, Fragen zu stellen, und versuchte mir vorzustellen, das eigentlich Unvorstellbare.

Dass sie damals Tagebuch schrieb und vor allem, dass das Tagebuch nicht verloren ging, sondern sogar veröffentlicht wurde, ist vor allem auch aus heutiger Perspektive von großer Bedeutung. Ihre Zeilen über diese Zeit reichen weit. Wir lesen darin ihr Leben und setzen unser eigenes dazu in Bezug. Wir wissen, wie es mit Anne Frank weiterging. Wie ihr Leben endete. Wir sind angewiesen auf diese Geschichten. So schmerzhaft und schrecklich sie auch sind. Sie helfen uns, nicht zu vergessen. Wie wichtig das ist, erleben wir leider immer wieder. Bis heute ist das so.

Neben der Tatsache, dass mit Anne Franks Tagebuch mein frühes Bewusstsein für unsere Geschichte begann, erfuhr ich durch sie jedoch auch überhaupt erst von der Möglichkeit, ein

Tagebuch führen zu können. In der Zeit, in der sie sich gemeinsam mit ihrer Familie vor den Nazis versteckt hielt, schien dieses kleine Buch ihr zu einem Zufluchtsort geworden zu sein. Das faszinierte mich sehr. Überhaupt fand ich die Idee ziemlich spannend, den eigenen Gedanken Ausdruck zu verleihen, in einem kleinen Buch, das niemand anderes als man selbst durchblättern dürfte. Dem man sich anvertrauen könnte, wie einer Freundin. In der man eine Adressatin finden könnte. Der man deswegen sogar einen Namen geben könnte. Oder mehrere. Vertrauter Freundinnenkreis. Ich stellte mir vor, man wäre weniger allein dadurch.

Mein eigenes erstes Tagebuch, es umfasst nur wenige Seiten. Schon nach kurzer Zeit hörte ich wieder auf mit dem Schreiben. Weil mein Leben natürlich – und so glücklicherweise – ein ganz anderes war als das von Anne Frank. Ich lebte in einer anderen Zeit, in unvergleichlicher Freiheit. Alles, was ich notieren konnte, erschien mir unendlich belanglos. Überhaupt schämte ich mich, einen Moment gedacht zu haben, ich könnte schreiben, wie Anne Frank es getan hatte.

Es dauerte damals eine Weile, bis ich anfing zu begreifen, dass es beim Tagebuchschreiben nicht zuerst um die anderen geht, sondern um sich selbst. Dass ein Tagebuch nicht den Vergleich zum Ziel hat – und nicht die Veröffentlichung. Viel eher gilt: Wenn es dir guttut, Tagebuch zu schreiben, dann schreibe eines. Schaffe dir auf dem Papier einen Adressatenkreis, vertraute Freundinnen, finde deine Form. Halte fest, was dich festhält. Schreibe es dir von der Seele. Bewerte es nicht. Auch das scheinbar Belanglose kann für dich von Bedeutung sein. Teil deiner Geschichte. Manches nur im Rückblick zu verstehen und doch schon jetzt erzählenswert. Für dich.

Von Herzen hoffe ich, dass keine Zeit kommen wird, in der die Tagebücher, die *wir* heute füllen, einmal eine ebenso traurige Berühmtheit erfahren werden wie das von Anne Frank. Weil sie das letzte Zeugnis sein werden, was von uns aufzufinden sein wird, und vor allem die schrecklichen Seiten des Lebens zeigen werden. Ich hoffe, es kommt anders und Tagebücher bleiben zunächst vor allem eher Privatsache, ein Ort, in dem das eigene Erleben festgehalten ist – aber nicht, damit andere es nachlesen können, sondern höchstens wir selbst.

Und wenn sie schließlich doch nachfolgenden Generationen in die Hände fallen sollten, dann zeugen sie vielleicht vor allem von einer bestimmten Lebensart, von Moralvorstellungen oder Mentalitäten. Sie geben inspirierende Einblicke, was uns Menschen von heute einmal wichtig war. Was uns bewegte, besorgte, Freude machte.

Ich glaube, veröffentlichte Tagebücher, die in Kriegszeiten entstanden, wie das von Anne Frank, dienen einem Kollektiv: Sie erinnern uns. Manchmal schmerzhaft. Sie ermahnen uns: Vergesst nicht. Seid wachsam. Wehret auch den Anfängen. Lasst euch nicht gefangen nehmen von welchen, die die Geschichte vergessen oder auszulöschen versuchen.

Eigene Tagebücher, die wir heute füllen, dienen zuerst zumindest vor allem uns selbst. Auch sie erinnern uns. Aber in anderer Weise: Sie zeigen uns die, die wir einmal waren, als wir diese Worte fanden, die dort geschrieben stehen.

Das kann berührend sein. Wenn ich in den Seiten zurückblättere, die ich vor ein paar Jahren schrieb, stelle ich fest, dass es schon jetzt einen Unterschied gibt, einen Abstand zwischen der Person, die ich heute bin, und der, die ich einmal war. So manche Fragen, die mir einmal überlebensgroß erschienen, sind es heute nicht mehr. Es ist wirklich wahr geworden, was der Dichter Rilke vor über hundert Jahren schrieb: Ich bin in die Antworten hineingelebt. Vieles von damals erscheint mir heute nicht mehr relevant, manches berührt mich fast peinlich. Anderes würde ich auch heute noch ähnlich formulieren. In jedem Fall bin ich froh, dass ich all das einmal aufschrieb. Weil sich aus vielem, was ich in meinen Tagebüchern nachlesen kann, durchaus auch etwas für mein heutiges und weiteres Leben ableiten lässt. Ich lese dort von der immer wiederkehrenden Erfahrung: Das Leben geht weiter. Ich entwickle mich weiter, bleibe nicht stehen. Es öffnen sich Türen. Es finden sich Wege. Auch dann, wenn ich es nicht für möglich hielt, hat es sich ereignet. Was für ein Reichtum!

Davon noch einmal lesen zu können, macht, dass ich mehr daran glaube. Die Erfahrung hat es gezeigt: Es geht weiter. Ich gehe weiter. Wenn ich Gefahr laufe, das zu vergessen, blättere ich nochmal zurück, in meinem Leben, festgehalten auf Tagebuchseiten, und erinnere mich daran: Dass etwas war und etwas wurde und immer wieder etwas wird.

Anker im Alltag

In meinem Arbeitszimmer, ehrlich gesagt in der ganzen Wohnung überhaupt, sammeln sich an verschiedensten Stellen Erinnerungsstücke. An-denken, die mich an Momente denken lassen, die schon zurückliegen. Sie sind meine Anker. Verbinden mich mit einer vergangenen Erfahrung, einem vergangenen Gefühl. Sie sind Errungenschaften. Ganz handfeste Zeichen einer Zeit, in der ich vielleicht mit mir selbst und um Worte gerungen habe – und schließlich durch das Schreiben doch zu mir fand: ein Stift, der mit unsichtbarer Tinte schreibt. Ein Webrahmen mit eingewebten Wörtern darin. Eine Muschel in der Manteltasche. Ein zusammengerolltes Stück Papier, auf dem die Worte »Fürchte dich nicht« stehen. Eine mit einem Stern versiegelte Heftseite. Eine Postkarte, die ich mir selbst schrieb, an den Spiegel geklemmt. Wie ein Souvenir, ein Ich-war-hier. Ein Bleistift, der sich einpflanzen lässt. Ein Kronleuchter. Ein Papierboot, das schon in einer Pfütze schwamm, einer Badewanne und auch schon in der Nordsee. Ein Herz aus Holz, das sich in zwei Teile brechen lässt.

Ich betrachte diese Dinge und plötzlich kehrt eine Erinnerung zu mir zurück, eine Erfahrung, ein Gefühl. Nichts davon ist verloren, manchmal ist es nur verschüttet. Das ist auch ein Grund, warum ich am Ende von intensiven Schreibseminaren oft dazu rate, sich einen Anker zu schaffen, der einen Platz im eigenen Alltag findet. Weil sich Auszeiten, in denen die Seele schreibend Resonanz erfahren durfte, sich oft wie Ausnahmezustände anfühlen. Anders als das gewohnte Leben. Ein bisschen aus der Zeit gehoben vielleicht. Und so kann die Vorstellung schwerfallen, dass das, was an Gutem angestoßen wurde, sich hinüberretten lässt, in den Alltag. Weil es dort herausfordernder sein kann, sich Nischen zu schaffen zum Nachdenken, Weiterdenken und Schreiben. Und so sind es symbolhafte Gegenstände, Schriftstücke, Gesammeltes, die zumindest die Möglichkeit bieten, sich mit einer erkenntnisreichen Erfahrung noch einmal neu zu verbinden. Nichts davon ist verloren, manchmal ist es nur verschüttet – und es lohnt sich, es wieder hervorzugraben, sich vielleicht einmal wieder zu fragen: Was davon hat noch Bestand? Wie gehe ich damit weiter? Was wirkt in meinem Leben nach?

Erinnere ich mich noch an die Worte, die ich einmal mit unsichtbarer Tinte schrieb? Was würde ich heute in meinen Lebensrahmen einweben? Wie klingt das Rauschen der Muschel, die ich an mein Ohr halte, mitten in Berlin? Vertraue ich auf dieses »Fürchte dich nicht« auch noch zwischen Elternabend und Einstellungsgespräch? Welches versiegelte Geheimnis steht unter einem guten Stern? Glaube ich mir selbst die Worte, die ich an den Spiegel klemmte: »Du bist schön«? Und was erblühte aus dem Stift, mit dem ich so viele Seiten schrieb? Erinnert mich das Leuchten des Kronleuchters auch hier noch an meine eigene Königinnenwürde? Was bleibt vom Boot, gefaltet aus Papier? Und wann fühlt es sich so an, als würde mein Herz brechen?

Bei »Harry Potter« gibt es die Idee des Portschlüssels: ein scheinbar beliebiger Gegenstand, der magisch aufgeladen ist. Berührt man ihn, kann man damit an einen anderen Ort verschickt werden. Unbegrenzt von den Gesetzmäßigkeiten von Raum und Zeit ist es möglich, zu verreisen. Mir gefällt diese Vorstellung sehr und oft habe ich mir schon gewünscht, auch wir »nicht magischen Wesen« besäßen diese Fähigkeit. Was mich tröstet, ist, dass uns zumindest gedankliches Reisen möglich ist: Verbinden wir uns etwa mit einem emotional aufgeladenen Gegenstand, kehrt so manche Erinnerung zurück. Als würden wir einen Schlüssel im Schloss umdrehen und das Portal zu unserer Gedankenwelt ließe sich öffnen. Wir reisen in der Zeit zurück. Und dort ist nichts verloren.

Ausdruck für Eindrückliches

Schreiben ist auch der Versuch, das Leben haltbar zu machen. Vielleicht besonders vonnöten, wenn es anzuhalten scheint. Oder wir den Halt darin verlieren. Nie zuvor schrieb ich so viel wie in den Zeiten, in denen ich mich sorgte. Als ich krank war. Und während einer weltweiten Pandemie. Und auch, als ein Angriffskrieg ausbrach, zwei Flugstunden entfernt. Das Schreiben, es rettet mich immer wieder auch vorm Durchdrehen und vorm Verlorengehen.

Dabei gibt es Ereignisse, die uns ja im Grunde sprachlos machen. Wo kaum ein Wort zu reichen scheint für das viele, das wir fühlen. Und doch glaube ich, dass es sich lohnt, auch die eigene Sprach- und Ratlosigkeit zu benennen. Ihr Ausdruck zu verleihen. Sie sich von der Seele zu schreiben. Sie löst sich nicht dadurch auf, sie macht das Schlimme nicht weniger schlimm, aber die Seele bekommt die Chance, zu begreifen. Auch das scheinbar Unbegreifliche.

Nachdem der Tag mit der Nachricht begonnen hat, in der Ukraine seien russische Truppen einmarschiert, es herrsche Krieg, ringe ich stundenlang um Worte. Ich versuche sie in der Tagesschau und auf Instagram zu finden, im Gespräch mit einer Freundin und in den Gesichtern der Menschen, die mit mir in der U-Bahn fahren. Doch erst ein Vogelschwarm, der sich am

Nachmittag über meinem Kopf in der Luft formiert, in einer einzigen fließenden, flüchtigen Bewegung, und sich mein Blick dadurch kurz von der Erde zum Himmel hebt, finden mich plötzlich Worte für ein Gefühl, das mich den ganzen Tag über wortlos bleiben ließ:

Wie flüchtig
dieses Leben
in Frieden.

Zunächst weiß ich nicht mehr und nicht weniger zu schreiben. Weder habe ich eine Antwort auf die vielen Fragen, die in meinem Inneren toben, noch weiß ich Worte für meine Angst, Hoffnung oder Wut. Nicht mal für meine Verzweiflung finde ich einen Ausdruck. Und auch noch nicht für mein tiefes Mitgefühl mit den Menschen, die sich ab sofort im Krieg befinden. Und doch ist da in all dem Unsortierten eine plötzliche Klarheit. Ein Verstehen, zumindest in diesem Moment: *Frieden ist flüchtig.* Anderes zu glauben, leider eine Illusion. Und dieses Verstehen, es tut weh. Weil es nichts heil macht, niemanden rettet. Es ist eine traurige Erkenntnis, die ich lange schon ahnte – Krieg herrscht nicht nur in der Ukraine –, die mir aber nun erst wieder gewahr wird: *Wie flüchtig dieses Leben in Frieden.* Das schreibe ich am 24. Februar 2022 in mein Tagebuch. Um mich auch später noch daran zu erinnern, so schmerzhaft es auch ist. Ich schreibe, noch nicht wissend, wie lange es dauern wird, bis sich aus diesem Satz eine Lebenskraft entwickeln wird, die trotzt und die tröstet, die dem Krieg nicht das letzte Wort überlassen will, sondern die Frieden finden möchte, in all seiner Unverfügbarkeit. Und die viel dafür zu tun bereit ist.

Die Geschichte ist noch nicht zu Ende erzählt, dies ist bloß der erste Satz. Ich bin froh, dass ich ihn schrieb.

Vom Leben lernen

Sollte ich in wenigen Sätzen beschreiben, was ich vor allem in Schule und Studium gelernt habe, würde ich vermutlich ins Stocken geraten. Weil es gar nicht so leicht scheint, dieses Viele auf nur wenige Worte herunterzubrechen. Eher habe ich mich schon manches Mal selbst kritisch gefragt, was am Ende eigentlich so übrig geblieben ist von den vielen Jahren, die ich da über Büchern brütend zubrachte. Denn weder könnte ich auf Anhieb eine Kurvendiskussion durchführen noch einen biblischen Text aus dem Hebräischen so einfach ins Deutsche übersetzen. Auch würde es mir schwerfallen, sämtliche sprachwissenschaftliche Fachbegriffe richtig zu definieren, und nach physikalischen Vorgängen fragt man mich besser auch nicht. Dabei habe ich all das mal gelernt. Dazu viel gelesen, Unterrichtsstunden und Vorlesungen besucht, Klausuren und Hausarbeiten geschrieben. Ich kann Zeugnisse für Schul- und Uniabschlüsse vorlegen – je länger die Zeit, in der ich dort war, aber zurückreicht, desto weniger scheinen diese Zeugnisse etwas über meine tatsächlichen Kompetenzen auszusagen. So jedenfalls fühlt es sich oft an, wenn ich versuche, mich an ganz konkrete Sachverhalte zu erinnern, die ich in diesen offiziellen Bildungskontexten einmal gelernt habe.

Dabei gibt es da durchaus ein bestimmendes Gefühl, das dann vielleicht doch etwas darüber aussagt, *dass* ich etwas gelernt habe: Ich bin nicht mehr dieselbe, die ich war, als ich mit gerade sechs Jahren eingeschult wurde. Auch bin ich eine andere als damals mit zehn Jahren am Schultor zur weiterführenden Schule. Ich bin nicht mehr die, die gerade erst ihr Abiturzeugnis entgegennimmt, die ihren ersten Tag an der Uni erlebt, die ihre Bachelorarbeit schreibt. Alles, was seitdem passiert ist, jedes Schulfach, jede Lehrperson, jede Prüfung, jeder Ort, jede Begegnung – all das hatte Einfluss auf mein Leben und vor allem auf meine Sicht darauf. Besonders was mein Studium angeht, würde ich sagen: Es hat mich im besten Sinne noch neugieriger gemacht, als ich es ohnehin schon war. Weil da etwas grundgelegt wurde, das vielleicht zusammenfassend gesagt meint: Es gibt immer noch mehr zu wissen, mehr zu fragen, mehr zu forschen. Wenn du beginnst, an einem Ende einer Schnur zu ziehen, ist das meist nur ein Anfang. Alles ist mit allem verbunden, vernetzt, verwirkt – und es kann dauern, bis sich ein Knoten auflöst. Mancher wird das vielleicht sogar nie tun. Aber dass das so ist, sollte dich nicht frustrieren, sondern dir Ermutigung sein, den Faden nicht zu verlieren. Sondern ihn immer wieder neu aufzunehmen, um herauszufinden, wohin er dich führt.

Diese Neugier ist es auch, die häufig mein Schreiben bestimmt. Ich will einfach wissen, was ist, was wird oder was sein könnte. Und ich lerne durchs Schreiben so viel. Über die Welt und was sie zusammenhält und schließlich über mich selbst darin.

Ebenso habe ich die Erfahrung gemacht, dass es auch Dinge zu *verlernen* gibt: zum Beispiel Vorstellungen, wie etwas zu sein hat oder wie ich zu sein habe. Als Mädchen etwa, als junge Frau. Dazu Denkweisen, die von Rassismus nur so durchtränkt sind und die es gilt zu kontrollieren, um sie zu revidieren, wenn sie mal wieder scheinbar unkontrolliert in mir aufploppen. Außerdem Glaubenssätze und Gewohnheiten, die mich hindern an einer freien Entfaltung, an selbstbewusstem Auftreten, an einer Wertschätzung mir selbst gegenüber. Wenn etwas neu werden soll, gehört es manchmal ebenso dazu, Altes zu hinterfragen. Auch das ist Teil eines Lernprozesses.

Am Ende eines Schreibseminars, in dem drei Tage lang Pfarrer*innen miteinander und doch auch jede*r für sich geschrieben haben, sagt eine Teilnehmerin in einer Feedbackrunde, es sei so anders gewesen als die Fortbildungen, die sie normalerweise besuche. Nicht, dass sie keinen Wissenszuwachs gehabt oder dass es keine klare Struktur gegeben habe, bloß sei da irgendwie noch mehr passiert. Mit ihr selbst.

Ich habe das schon öfter erleben dürfen: Biete ich eine Schreibwerkstatt in Kooperation mit einem eher traditionellen

Bildungsveranstalter oder auch einer kirchlichen Institution an, wird sie häufig als »Fortbildung« betitelt. Die Gründe dafür mögen verschieden sein. Vielleicht liegt es daran, dass man für Fortbildungen Zuschüsse beantragen kann, manche Berufsgruppen haben sogar einen Anspruch darauf, sich regelmäßig fortbilden zu dürfen, und irgendwie klingt es auch so schön offiziell und professionell. All das mag stimmen, gleichzeitig weckt dieses Label manchmal andere Erwartungen.

Meine Schreibwerkstätten haben keinen klassischen Vortragscharakter, ich arbeite nie mit Power-Point-Präsentationen und nur selten gibt es einen minutiösen Plan, an den wir uns ganz genau halten. Viel eher darf etwas entstehen. Der Prozess ist oft entscheidender als das Produkt. Der Raum ist geöffnet, um darin etwas zu lernen: über das Schreiben, aber auch über sich selbst. Irgendwann kam ich daher zu dem Schluss, dass der Begriff »Herzensbildung« mindestens genauso zutreffend sein könnte wie der Begriff »Fortbildung«.

Der Duden definiert »Herzensbildung« als *»durch Erziehung erworbener Besitz einer reichen und differenzierten Gefühls- und Empfindungsfähigkeit«*. Auch wenn ich mich keineswegs als eine Erziehungsberechtigte meiner Teilnehmenden verstehe, gefällt mir doch die Haltung, in einem Schreibraum könne eine Fähigkeit erworben werden, die über etwas rein Kognitives hinausreicht. So haben wir in besagtem Seminar auch nicht nur Schreibtechniken erprobt und versucht, einen Text zu schreiben, der sich an einen klar definierten Adressat*innenenkreis richtet, viel eher beschäftigten wir uns auch mit Fragen wie: Was habe ich eigentlich zu sagen? Was will ich eigentlich erzählen? Worum geht es mir wirklich? Warum tue ich, was ich tue? Und es war bewegend, fast auch ein bisschen traurig, zu erleben, dass es für manche das erste Mal seit langer Zeit oder aber überhaupt schien, sich diese Fragen, sich diesen Fragen zu stellen. Denn sie berühren einen Kern, den wir gar nicht so oft nach außen tragen. Sie berühren Innenliegendes, Herzensangelegenheiten. Dafür aber ein Zertifikat oder Zeugnis auszustellen, ist nicht unbedingt einfach, vermutlich unmöglich. Weil es eher weniger den üblichen Bildungsstandards zu entsprechen scheint und auch nicht einer äußeren Bewertung ausgesetzt werden sollte.

Vielleicht kann man sich ein »Herzensbildungs-Zertifikat« daher besser manchmal selbst ausstellen. Am Ende eines Prozesses zum Beispiel, der einen viel gekostet hat, in den man viel investieren musste. Irgendwann gibt es den Moment, da besteht eine Klarheit: Ja, ich bin nicht mehr dieselbe, ich habe mich weiterentwickelt, ich habe etwas erfahren, ich habe etwas gelernt. Ich würdige mein eigenes Gewordensein. Auch das kann schreibend passieren, vielleicht in Form einer schlichten Auflistung, etwa mit dem Titel *»Was ich gelernt habe«*. Und darunter hat dann vermeintlich Basales wie auch Komplexes Platz:

- Ich habe gelernt, was ein Rondell ist. Und was ein Haiku.
- Ich habe gelernt, dass ich Traditionen mag, aber mein Herz auch für Innovation schlägt.
- Ich habe gelernt, wie laut meine inneren, kritischen Stimmen sein können. Aber auch, wie sie ein bisschen leiser werden.
- Ich habe gelernt, dass Verlässlichkeit ein mir wichtiger Wert ist.
- Ich habe gelernt, dass es mir leichter fällt, von »uns« zu sprechen als von »mir«.
- Ich habe gelernt, dass ich eher eine Vorstellung vom Himmel habe als von der Hölle.
- Ich habe gelernt, dass ich lieber in einer kleinen Gruppe einen Text teile als im Plenum.
- Ich habe gelernt, dass auch andere Fragen haben, nicht nur ich.
- Ich habe gelernt, dass ich nach drei Stunden Schreiben dringend eine Pause brauche. Am besten mit einem Teller Linsensuppe, einem kurzen Mittagsschläfchen auf dem Balkon und einem doppelten Espresso danach.
- Ich habe gelernt, dass ich die ganze Zeit lerne. Gutes Gefühl.

Meine erste Brieffreundin hatte ich mit acht Jahren. Sie hieß Juliane und kam aus Glückstadt bei Hamburg. Unsere Schreib-Freundschaft nahm einen Anfang, indem ich eine kleine Annonce in der GEOlino las, einer Kinderwissenszeitschrift, die ich damals abonniert hatte. Juliane suchte darin eine Brieffreundin. Damit diese auch wirklich zu ihr passen würde, listete sie auf, was ihre Hobbys seien: »Lesen, Fahrrad fahren, Querflöte spielen, mit meinem Kaninchen Kunststücke üben«. Sie war acht Jahre alt, genau wie ich, und hatte einen großen Bruder, nicht wie ich – aber das war vielleicht auch nicht so wichtig. Ich jedenfalls wollte Julianes Brieffreundin sein!

Und ich weiß noch sehr genau, wie es sich anfühlte, als einige Wochen nachdem ich einen Brief an die GEOlino-Redaktion geschrieben hatte, damit sie Juliane und mich miteinander in Kontakt brachten, tatsächlich ein Briefumschlag im Briefkasten steckte. Adressiert an mich. Mit Füller geschrieben. Auf Pferdebriefpapier. Er fiel sofort auf zwischen den schlichten Umschlägen mit Rechnungen oder Steuerbescheiden oder was meine Eltern sonst noch so an Post bekamen. Für mich war nur selten ein Brief oder eine Karte im Briefkasten. So nahm ich den Umschlag ehrfürchtig mit in mein Zimmer und riss ihn vorsichtig auf. Ein Brief fiel heraus, dazu ein Foto von einem sehr strubbeligen Kaninchen und zwei Pferdesticker mit Glitzerrand. Ich fand Juliane sofort super.

Wie oft wir uns hin und her schrieben, ich weiß es nicht mehr. Viel mehr als drei oder vier Briefe werden es eher nicht gewesen sein. Schnell schien uns als Achtjährige die Puste auszugehen oder die Themen, über die wir uns schriftlich hätten unterhalten können. Zu verhaftet waren wir dann doch in unserem jeweiligen Leben, als dass sich damals über 430 Kilometer hinweg eine echte Freundschaft mit einer im Grunde Fremden hätte entwickeln können. Aber das Gefühl, dass sich eine Verbindung mit jemandem aufbauen ließ, dem man in Wirklichkeit noch nie begegnet war, einfach, indem man sich schrieb, das blieb mir sehr eindrücklich.

Und so gab und gibt es seitdem immer wieder Verbindungen zu Menschen, die vor allem aus einem Schriftverkehr heraus entstanden sind. Meine französische Austauschschülerin lernte ich zunächst in Briefform kennen. Auch eine erste Liebe begann in meinem Leben schon schreibend. Und dann sind da einige wenige Menschen in meinem Leben, die ich in einer Gruppe von anderen vermutlich nicht etwa aufgrund ihres Geruchs oder ihrer Stimmfarbe erkennen würde, sondern anhand ihrer Handschrift. Mit ihnen teile ich vor allem schreibend Leben. Wir können einander nachlesen. Von einem Anfang der Stadt bis zu einem anderen.

Dabei sind handschriftliche Briefwechsel gar nicht mal so unanstrengend. In einer Zeit, in der wir zwar immer noch viel schriftlich kommunizieren, aber das selten handschriftlich tun, scheint es ein bisschen antiquiert, gleich mehrere Seiten Papier mit der eigenen Handschrift zu füllen, einen Umschlag auszuwählen, eine Adresse zu schreiben, eine Briefmarke aufzukleben, zum Briefkasten zu gehen – und dann längere Zeit auf Antwort zu warten. Der Prozess des Briefeschreibens, er nimmt deutlich mehr Zeit in Anspruch, als eine Mail zu schreiben oder eine WhatsApp-Nachricht.

Vermutlich ist es das, was einen handgeschriebenen Brief heute sehr besonders macht. Weil man ihm schon von außen ansieht: Hier hat sich jemand Zeit genommen, Mühe gegeben, sein Tagwerk für eine Weile bewusst unterbrochen, um mir zu schreiben. Was für ein Geschenk!

Auch ist ein Brief in gleich mehrfacher Hinsicht ein echtes Zeitzeugnis: Hebe ich den Deckel der bis zum Rand gefüllten Kiste, in der ich Briefe aufbewahre, ist es, als könnte ich einmal kurz in der Zeit zurückreisen, mich in ihr zurücklesen. Umschläge und vor allem auch Briefmarken zeugen von einer vergangenen Zeit. Der Stil von Postkartenmotiven und Briefpapiergestaltung scheint sich verändert zu haben, das Porto ist von Jahr zu Jahr teurer geworden. Vor allem aber sind es natürlich die Inhalte der Briefe, die Einblicke geben in das, was einmal war. Das ist mir sehr kostbar.

Briefe haben überhaupt eine besondere Bedeutung, finde ich. Sie bilden Zeit ab oder Beziehungen. Sie sind vertrauensvoll, manchmal gar vertraulich. Lese ich in mit der Öffentlichkeit geteilten Briefen berühmter Persönlichkeiten, insbesondere Schriftsteller*innen, habe ich das Gefühl, ihnen näherzukommen, als es sonst der Fall wäre. Wenn ich den Briefwechsel zwischen Astrid Lindgren und ihrer deutschen Freundin Louise Hartung lese, fühlt es sich etwa an, als würde sich das Bild, das ich glaube von Astrid Lindgren zu kennen, erweitern. Hier ist sie nicht nur die Erfinderin von Pippi Langstrumpf, Ronja Räubertochter oder Michel aus Lönneberga, hier zeigt sie sich als Astrid, die Freundin ist und Gefährtin. Ihre Briefe zeugen von einer großen Vertrautheit: Zu lesen ist sowohl von Überlegungen zu Astrids Arbeiten als auch vom Nachdenken über das politische Weltgeschehen und über die eigene Existenz als Mensch darin bis hin zu Gewichts- und Figurvergleichen der beiden Frauen und Üblichkeiten, das Weihnachtsfest zu begehen. Schließlich geht es auch um Louises Krebserkrankung. Astrid und Louise schreiben sich über mehrere Jahre in der Nachkriegszeit – bis Louise Hartung im Februar 1964 stirbt.

Auch der Briefwechsel zwischen Ingeborg Bachmann und Paul Celan, der unter dem Titel »Herzzeit« veröffentlicht wurde, vermittelt einen Eindruck über ihre jeweilige Kunst hinaus, wie die beiden als Menschen gewesen sein mögen, inwieweit sie Kinder ihrer Zeit sind, in welcher Beziehung sie zueinander standen, und wie diese sich veränderte.

Und nicht zuletzt sind da Rainer Maria Rilkes Briefe an einen jungen Dichter, *»lettres à un jeune poète«*, Franz Xaver Kappus, in denen ich schon viel Wertvolles finden durfte zum Leben, aber besonders auch zum Schreiben.

Dabei denke ich darüber nach, ob es uns als Lesende überhaupt zusteht, solch persönliche, teilweise private Einblicke in das Leben anderer Menschen zu bekommen, indem wir in ihren Briefen lesen. Wie ist das mit dem Briefgeheimnis, mit der Vertraulichkeit? Ist es nicht voyeuristisch, in den Liebes- oder Freundschaftsbriefen anderer Leute zu lesen?

In jedem Fall bedarf es zumindest für eine gewisse Zeit der Zustimmung der Schreibenden oder aber deren Erben, die darüber entscheiden, welche Schriftzeugnisse auch der Öffentlichkeit zugänglich gemacht werden.

Davon abgesehen, dass ich etwa meine frühen Briefe mit meiner Brieffreundin Juliane für reichlich uninteressant für andere Menschen halte, wäre ich wohl selbst zögerlich, wenn ich wüsste, dass mehr Augen mitlesen, was ich schrieb, als nur die derer, die ich adressierte.

Und doch ist es wohl so, wie Franz Xaver Kappus selbst 1929 seinem veröffentlichten Briefwechsel mit Rainer Maria Rilke voranschreibt: Wichtig seien die Briefe, *»wichtig für die Erkenntnis der Welt, in der Rainer Maria Rilke gelebt und geschaffen hat, und wichtig auch für viele Wachsende und Werdende von heute und morgen.«*

Genau so lese ich sie. Und bin dankbar, dass es sie gibt.

Alles ist Stückwerk

Die Bibel kennt und nennt das Wort »Stückwerk«, und so oft schon war mir das eine Hilfestellung: auch das eigene Schreiben als Stückwerk zu begreifen. Nicht mit dem Anspruch verbunden, für die Ewigkeit gültig sein zu müssen, sondern Momentaufnahme sein zu dürfen. Eine kleine Erzählung. Eine Anekdote. Ein Ausschnitt. Ein Istzustand. Fragen und Fragmente. Teil eines großen Ganzen. Würdigung dessen, was ist. Nicht mehr, aber eben auch nicht weniger.

Und so entstehen Schriftstücke, die mir manchmal zu Goldstücken werden. Glänzend zeigen sie mir mein Leben. In all seiner Bruchstückhaftigkeit.

Erbstück. Zu Weihnachten besuche ich meine Großeltern. Wir essen Christstollen, trinken schwarzen Tee mit Kandis und sprechen übers Heiraten. Wie das bei ihnen einmal war und wie das bei mir einmal sein wird. Im nächsten Sommer. Zwischen unseren beiden Hochzeiten liegen genau 60 Jahre. Das sieht man auch den Verlobungsfotos an, die mein Opa aus dem alten Wohnzimmerschrank hervorkramt. Die beiden darauf: Kaum wieder zu erkennen. So jung. So streng. »So war das damals«, sagt meine Oma und kichert. »Bloß nicht lächeln. Man könnte noch denken, wir hätten Freude aneinander.« Die beiden berühren sich schmunzelnd. Kurz nur. Hand auf Hand. Das berührt auch mich. Sie sind ein Liebespaar. Kein Zweifel. »Und wie saht ihr bei eurer Hochzeit aus?«, will ich wissen. Die Fotos seien abhandengekommen. Im Laufe der Jahre. Aber ihr Brautkleid, das habe sie noch irgendwo, sagt meine Oma leichthin. Ich werde hellhörig. Ob sie es mir wohl zeigen würde, frage ich. Erst wiegelt sie ab. »Das alte Ding.« Aber dann geht sie doch ins Schlafzimmer und schaut, wo es geblieben ist. »Ich hab's!«, ruft sie wenig später und kehrt mit einer weißen Plastiktüte zurück. Ich darf das Stück Stoff herausziehen, das meine Großmutter trug, als sie und mein Großvater heirateten. Damals war sie nur wenig älter als ich heute. Das Kleid hat zwei Teile: einen seidigen Unterrock und ein Überkleid aus Spitze. Vergilbt ist es. Durchlöchert. Fleckig. Aber noch da. »Du kannst es haben«, sagt Oma. »Ich brauche es nicht mehr.« Ich weiß nicht, was ich sagen soll. Es ist nur ein Kleid. Für sie. Und doch viel mehr als das. Für mich. Ein Stück Liebesgeschichte. Weitergetragen. Zu Hause probiere ich es an. Vorsichtig. Fast andächtig. Es passt mir wie angegossen. Im Sommer darauf wurde ein Stück der Spitze Teil meines Brautarmbandes, Teil meiner Liebesgeschichte.

Lehrstück. Seit Anfang des Jahres schreibe ich auf, was ich lerne. Einfach so. Jede Woche entsteht so eine kleine Liste an lehrreichen Dingen. Die Zeit, für Klausuren zu lernen, ist zum Glück vorbei und vielleicht hat das Lernen für mich gerade deswegen einen neuen Reiz bekommen. Ich lerne, was mich das Leben lehrt: Warum Menschen handeln, wie sie handeln. Was genau in Artikel 219a StGB steht. Welche Anlagen meine Steuererklärung braucht. Wie der Impfstoff gegen Gebärmutterhalskrebs genannt wird. Wer ich bin und wer ich sein will. Ich lerne nie aus.

Bruchstück. Ich sitze mit einer Freundin im Café. Wir bestellen Cappuccino. Er wird serviert in dünnwandigem Porzellan. Hätten wir uns eine Woche früher verabredet, vielleicht hätte sie mir mit leuchtenden Augen von ihrer Schwangerschaft erzählt. Der ganz frühen, die äußerlich noch nicht zu sehen ist und innerlich doch schon so spürbar für sie. Aber wir haben uns nicht in der letzten Woche getroffen, sondern in dieser. Und deswegen erzählt sie mir heute mit tränennassen Augen von ihrer Fehlgeburt. Wir halten einander an den Händen. Halten miteinander aus, die Zerbrechlichkeit des Lebens. Dünnwandig wie Porzellan.

Grundstück. In der schönen Kirche auf Norderney, die ich so gerne besuche, sind Taufbecken und Weihwasserbecken eins. Wenn ich durch das Portal trete und meine Finger in das kalte Wasser tauche, erinnere ich mich an das, worauf ich mich gründe, und male mit Wasser ein Zeichen dessen auf meine Haut. Im Namen des Vaters, des Sohnes, der Heiligen Geistkraft. Fester Grund. Für mein Leben.

Frühstück. Erst als ich in meinem alten Kinderzimmer alles in Kisten und Koffer verpackte, begriff ich so richtig, wie gut ich es gehabt hatte. In den frühen Jahren meines Lebens. Ich ging und gehe gerne und blicke dennoch oft zurück.

Liebes Gegenüber!

Du Schon-immer-da. Meine Lieblingsleserin, mein Federführer. Du Gegenüber, das du meine Geschichte kennst. Von Anfang an und ganz bis zum Schluss und vielleicht sogar noch weiter. Wir werden sehen.

*Ich habe viele Namen für dich. Mir der vertrauteste: G*tt. So nenn ich dich, auch öffentlich. Weil ich mich das traue, weil ich darauf vertraue: Auch zwischen den Zeilen noch, siehst du mich. Du bist mir Frage, Freiheit, Leben und Erinnerung. Du lässt mich und verlässt mich nicht.*

Wir finden uns im Flow. Meine Wunden weiß ich durch dich verbunden. Du diktierst dich mir ins Herz. Mit dir entdecke ich Heiliges. Heimat. Hoffnung. Ich gebe dich nicht auf. Und vertrau darauf: Das erste Wort war deines. Und auch das letzte wird es sein.

Deine Hanna

G*tt entdecken

Die helle Seite sehen

Eine meiner Lieblingsgeschichten seit Kindertagen ist die von Frederick, der Maus. Das Bilderbuch, der Kinderbuchklassiker von Leo Lionni, erzählt davon, wie Frederick sammelt: Farben, Sonnenstrahlen und Wörter. Er sorgt vor. Für Zeiten, in denen es grau ist und dunkel und einem die Worte fehlen können.

Von anderen Mäusen, die die üblichen Vorräte an Körnern, Nüssen, Weizen und Stroh herbeischaffen, wird er zunächst dafür verspottet. Später aber sind auch sie dankbar für das, was Frederick mit in die Mäusehöhle brachte. Es lässt sie leichter überwintern.

Was mir an dieser Geschichte so gefällt, es ist die Bedeutung des Hellen, das zu sammeln es sich lohnt, bevor es dunkel wird. Weil das von einem Bild zeugt, das sich auch auf uns Menschen übertragen lässt: Um gut durch die Winterzeiten unseres Lebens zu kommen, brauchen wir *auch* etwas, das unsere Seelen satt macht. Denn auch Sehnsucht kann sich wie Hunger anfühlen. Wenn wir etwas vermissen, uns nach etwas verzehren, wenn da eine Lücke spürbar ist, im eigenen Leben, dann sehnen wir uns nach etwas wie Licht.

Manchmal denke ich, ich würde nicht so schreiben, wie ich heute schreibe, hätte es zu Beginn meines Lebens nicht so viel Helles gegeben. Es ist, als hätte ich schon damals Farben, Sonnenstrahlen und Wörter sammeln dürfen, aus denen ich bis heute schöpfen kann. Auch in Zeiten von Erschöpfung und Krise. Da ist für vieles vorgesorgt. Meine Vorratskammer ist gut gefüllt. Ich komme damit immer wieder über den Winter. Dabei fühle ich eine große Verantwortung. Weil ich weiß, was es für ein Privileg ist, in Frieden und Fülle aufzuwachsen. Sich um Grundlegendes im Grunde nicht sorgen zu müssen. Weil es in den Jahren meiner Kindheit genug gab an Versorgung, Liebe, Sicherheit, Vertrauen, Zuhause und Glauben. Es mangelte mir nicht daran. Und ich weiß: Das ist nicht selbstverständlich. Auch deshalb schreibe ich. Um auch anderen etwas von diesen Vorräten abzugeben. Denn vieles davon war einfach da. Ich musste es mir nicht erst verdienen. Ich habe all das nicht mehr verdient als andere. Und ich glaube: Wir sind nicht nur um unserer selbst willen hier. Wenn es das Helle ist, was mir ins Leben gelegt wurde, diese hoffnungsvolle Spur, die immer irgendwie mitläuft, wie ausweglos und furchtbar eine Situation auch zu sein scheint, vielleicht ist es dann das, was ich dem Leben zurückzugeben habe: diese helle Sicht aufs Leben. Diese Hoffnung, es möge noch etwas anderes geben als Dunkelheit.

Vielleicht ist das keine Verpflichtung, kein Auftrag, der mir von einer höheren Instanz erteilt wurde, viel eher fühlt es sich nach einer Idee für mein Leben an: von der Hoffnung zu erzählen. Das Schlimme und Schmerzhafte dabei niemals zu verschweigen, nicht zu verleugnen, nicht zu verkennen, sondern auch das zu benennen und schließlich Ausschau zu halten: Wo gibt es eine Ahnung von Licht? Zum Trost oder auch zum Trotz? Wo könnte etwas weiterreichen, als es gerade scheint?

Das versuche ich. Immer wieder. Dabei habe ich mich innerlich eine ganze Weile selbst gegen diese Art des Schreibens gewehrt. Weil ich dachte, das ist vielleicht zu einfach. Das spart vielleicht zu vieles aus. Das wird dem Leben nicht gerecht. Das ist irgendwie weltfremd. Ich hatte Sorge, missverstanden zu werden: Als müsse man nur über alles eine Tasse Cappuccino gießen und ein paar Käsekuchenkrümel streuen und schon wäre alles wieder gut. Das denke ich mitnichten. Ganz im Gegenteil. So missfiel mir für eine Zeit auch der Umstand, dass meine Bücher in den Buchhandlungen immer in den Bereich »Geschenkbuch« einsortiert wurden. Ich hatte das Gefühl, dieser Kategorie würde etwas Weichgespültes anhaften, etwas nicht allzu Ernsthaftes, nichts Ernstzunehmendes. Ein bisschen zu viel Glitzer, ein bisschen zu viel Chichi. Austauschbar, beliebig, nicht von großem Wert. Dabei verkannte ich selbst, wie gern doch auch ich Geschenke mache. Dass ich es liebe, Menschen zu erfreuen, und welche Freude auch ich selbst empfinde, wenn mir jemand ein Geschenk macht. All das ist nicht austauschbar, nicht beliebig, sondern von großem Wert.

Zu meiner Skepsis hinzu kam jedoch die verbreitete Haltung, echte Kunst, wirkliche Kreativität, würde sich immer aus existenziellen Krisen speisen. Nur wer die dunkle Seite des Lebens kennt, kann auch von ihr erzählen. Es braucht Düsternis, Spannung und Tod, um Tiefe zu erzeugen. Ich will nicht leugnen, dass das so sein kann. Auch ich kenne die Erfahrung, dass starke Texte, die auch andere berühren, durch mein eigenes Gefühl größter Verlorenheit entstanden sind. Und doch gab es zwei Dinge, die mir – Stand heute – mehr und mehr verdeutlicht haben, dass auch das Helle gebraucht wird. Nicht nur von einigen, sondern von allen. Und wenn ich doch so viel davon gesammelt habe, ist es dann nicht nur gerecht, wenn ich auch andere daran teilhaben lasse?

Zum einen wurde mir all das bewusst, als ich darüber nachdachte, wie dankbar ich für viele Erfahrungen aus meiner Kindheit bin. So sehr hatten sie mein Urvertrauen ins Leben geprägt.

Zum anderen waren es Worte von Menschen, die Bezug nahmen auf das, was ich schrieb. Die sich bedankten für einen Text, die erzählten, dass er ihnen in Zeiten der Krise sehr geholfen habe, die berichteten, sie hätten ihn anderen Menschen geschenkt, er habe eine Lücke gefüllt, sei wie eine Brücke gewesen, ins Licht. So etwas zu lesen, es macht mich gleichzeitig dankbar und auch sehr demütig, oft auch verlegen. Vor allem, wenn ich keine eindeutige Antwort habe auf die Frage: »Woher nimmst du nur all diese tröstenden Worte?«

Vielleicht schöpfe ich sie nicht allein aus mir. Sondern sie sind Teil des Vorrats, der bereits in meiner Kindheit angelegt, angesammelt wurde. Wie Sonnenstrahlen und Farben. Dieser Umstand, er prägte vermutlich meine Sicht aufs Leben. Und das lässt mich leichter sehen: das Schöne, das Gute, das Tröstende der Welt. Davon zu erzählen, ja, vielleicht ist das die Idee für mein Leben.

Mein Schon-immer-da

Zu den Grundsteinen meines Lebens, auf die ich bis heute bauen kann, zählt nicht nur die Kindheitserfahrung, immer genug Lebensmittel im Kühlschrank gehabt zu haben, dazu ein warmes Bett und Eltern, die mich bedingungslos liebten, sondern auch die Tatsache, in eine Lebenstradition hineingeboren worden zu sein. Diese Tradition vertraut darauf, dass es eine größere Kraft gibt, die über mich selbst hinausweist, die um mich weiß. Sie macht, dass ich mich aufgehoben fühle in dieser Welt. Sogar in Zeiten, in denen die Welt verloren scheint oder ich mich darin sehr verloren fühle. Diese Kraft ist eine Konstante, die bleibt. Ich berufe mich auf sie, ich rufe nach ihr. Nicht immer spüre ich sie gleichermaßen. Manchmal vermisse ich sie sehr, dann wiegen die Zweifel schwer. Dann wünsche ich mir ein Zeichen, dann frage ich, laut oder ganz leise: »Ist da überhaupt wer?«

Diese Kraft, ich nenne sie G*tt. Weil das auch die Menschen taten, die mich ins Leben begleiteten. Es fühlt sich an, als sei G*tt Teil meiner Identität, zumindest Teil meiner Biografie. Ich kenne kein Leben, in dem die Vorstellung, es gäbe etwas G*ttliches, keine Rolle spielte. Seit ich denken kann, umgaben mich Geschichten und Rituale, die davon erzählten. Zu meinen Kindheitserfahrungen gehören Tischgebete und Kindergottesdienste. Ich weiß das Vaterunser auswendig, ohne es je bewusst auswendig gelernt zu haben. Ich kann die Kreuzzeichen nicht zählen, die in meinem Leben schon auf meine Stirn gemalt wurden. Mit warmen Daumen. Mit großer Liebe, großem Vertrauen.

Mein Leben wurde von jeher vom Rhythmus des Kirchenjahres bestimmt. Ich kenne Aschermittwoch, Fastenzeiten, Karwochen und Ostern. Vertraut sind mir auch Christi Himmelfahrt, Fronleichnam, Pfingsten. Wenn der Sommer endet, ist Zeit für Erntedank. Zu Allerheiligen erinnere ich mich der Menschen, die nicht mehr bei uns sind. Meine Vorstellungen von Tod und Ewigkeit, sie sind geprägt von dem, was meine Glaubensgemeinschaft über sie denkt. Im Dezember habe ich Namenstag. Advent ist wie eine Jahreszeit für mich. Alles wird dann licht. Und zu Weihnachten feiere ich alle Jahre wieder, wie G*tt sich ganz menschlich zeigt, in einem Kind.

Auch sind mir Schuldgefühle bekannt. Worte wie Buße und Sühne, Beichte. Ich habe auch schon von der Hölle gehört. Aber noch häufiger vom Himmel.

Warum ich das so ausführlich benenne? Weil ich sicher bin, dass auch das Auswirkungen auf mein Schreiben hat. Ich wurde als Kind von einer Christin und einem Christen geboren, wurde katholisch getauft und mit entsprechenden Vorstellungen vom Leben vertraut gemacht, die sich in meiner Familie vor allem durch Geschichten und Rituale zeigten, und durch eine grundsätzliche Überzeugung: Wir sind nicht zufällig hier. Sondern gewollt und geliebt. G*ttes Geschöpfe.

All das hat sicherlich Einfluss darauf, wie ich die Welt sehe. Wie ich mich in ihr verorte, mich in ihr zu Hause weiß, wie ich über sie schreibe. Dabei gibt es Dinge, von denen ich mir wünschte, sie wären nicht so präsent in meinem Leben. Insbesondere mein Katholischsein, ich empfinde es oft als eine Herausforderung, ja sogar Zumutung. Weil es so eng verknüpft zu sein scheint mit der Kirche, dieser Institution, die mich und andere regelmäßig zur Verzweiflung bringt, an der sich viele abarbeiten, von der sich viele abwenden. Dabei haben Machtmissbrauch und menschengemachte Systeme und Strukturen, die diesen fördern, so unglaublich wenig mit dem zu tun, was ich als meinen Glauben beschreiben würde. Dennoch findet mein Glaube nicht ganz losgelöst von Tradition und Institution statt, und so habe ich häufig das Gefühl, sehr darum ringen zu müssen, meinen persönlichen Umgang mit all dem zu finden. Auch meine Fragen nach persönlicher Verantwortung sind groß, was ich selbst gegen diesen (Macht-)missbrauch innerhalb kirchlicher Strukturen tun kann. Sie hinterlassen Spuren, auch in meinem Schreiben. Meine Empörung, Enttäuschung, Verzweiflung und Wut verlangen nach einem Ausdruck, wenigstens auf dem Papier. Und doch finde ich manchmal kaum Worte dafür.

Dabei ist das Schreiben eng verwoben mit dem, was ich als meine Spiritualität bezeichne. Durch das Schreiben komme ich mir immer wieder selbst auf die Spur und spüre auf diese Weise etwas, das über mich hinauszureichen, das nicht allein in mir begründet zu sein scheint.

Das Schreiben ist für mich ein Weg, Dingen Bedeutung und Sinn zu geben. Meine religiöse Herkunft hilft mir dabei, Worte dafür zu finden. Weil sie mir eine Sprache anbietet, eine Ausdrucksform, einen Deutungshorizont.

Meine religiöse Herkunft, diese Prägung, sie ist wie meine zweite Muttersprache. Mein Schon-immer-da. Mein Herz kennt sie genau. Ihre Worte gehen mir leicht über die Lippen. Sie ist eine vertraute Melodie in meinem Lebenssoundtrack. Sie stillt meine Sehnsucht, macht mich ruhig. Sie setzt mich in Bezug und bringt mich in Beziehung, zu dem, was ich G*tt nenne, und auch zu anderen Gläubigen. Sie erzählt mir von zu Hause, von Zuflucht und von Zuversicht. Diese Muttersprache Religion, sie war schon immer da. Und ich glaube, sie wird wohl immer bleiben.

G*tt der vielen Namen

Das Gefühl, dass mein Christinnensein Einfluss hat auf mein Schreiben, es beginnt schon bei der Selbstverständlichkeit, mit der ich »G*tt« schreibe. Ich empfinde etwas bei diesem Wort, ich verbinde etwas mit diesem Wort. Es ist Teil meines natürlichen Sprachgebrauchs, meines Wortschatzes. Die Wurzel, den Ursprung dessen auszumachen, fällt mir jedoch nicht ganz leicht: Was war wohl zuerst da? Das Wort »G*tt« als etwas Abstraktes, das ich aufschnappte und dann begann, es selbst zu verwenden, ohne es aber mit Inhalt zu füllen? Oder war erst ein Gefühl da, das mich vermuten ließ, dass es G*tt geben könnte, und um das zu artikulieren, nahm ich dankend ein Wort an, das meine Glaubensgemeinschaft mir dafür anbot? Möglicherweise war es eine Mischung aus beidem. Das Erzählen meiner Eltern von biblischen Geschichten, in denen G*tt vorkam, machte mich vielleicht aufmerksamer für die grundsätzliche Möglichkeit einer g*ttlichen Existenz. Als ich diese dann erfuhr, kannte ich bereits ein Wort dafür.

Dabei ist das Wort »G*tt« vielleicht am Ende auch nur eine Art Platzhalter. Wir versuchen damit etwas zu beschreiben, das wir nicht bis ins Letzte beweisen können, und von dem wir doch erzählen wollen, manchmal sogar müssen. Weil eine Erfahrung nach einem Ausdruck verlangt. Um sie so eindeutig, wie es uns eben nur möglich ist, benennen zu können, benötigen wir ein Wort, ein Nomen, einen Namen.

Mein siebenjähriges Patenkind fragte neulich beim Abendessen: »Warum gibt es eigentlich Namen?« Vielleicht ist eine Antwort: Genau deswegen, um eine Eindeutigkeit herbeizuführen. Um weniger beliebig von jemandem erzählen zu können. Um weniger Umschreibungen zu benötigen. Ein Name verdeutlicht: Du bist gemeint.

»Stell dir vor, wir könnten immer nur ›das siebenjährige Mädchen mit den braunen Haaren, das in Berlin lebt und einen kleinen Bruder hat‹ sagen, wenn wir von dir sprechen wollen«, versuchten wir zu erklären. Diese Kompliziertheit, sie leuchtete auch einer Siebenjährigen schnell ein.

Dabei ist das mit dem Wort »G*tt«, mit dem Namen G*ttes, vielleicht doch sogar noch komplizierter. Weil die Art, wie wir G*tt erleben, sehen, verstehen, ersehnen und vermissen, Einfluss hat auf das, wie wir G*tt nennen. Nicht immer ist das eindeutig, nicht immer ist das gleich.

Blicken wir in die Bibel, das Buch, das mich und meine Glaubensgemeinschaft prägt und auf das wir uns oft berufen, erfahren wir zahlreiche Namen für und von G*tt. Nicht nur einen. In den Büchern der hebräischen Bibel, des Alten Testaments, wird G*tt als Löwe bezeichnet, als Adler, als Fels, als Arzt, als Töpfer, als Hirte, als König, als Richter – zugegeben, das sind zunächst alles Namen, die sich sehr männlich lesen. Durch die Ankündigung und Geburt Jesu werden die Ausdrucks- und Bezeichnungsformen für G*tt jedoch noch ein wenig vielfältiger: In Jesaja 9 wird der Messias als Wunder-Rat beschrieben, als Gott-Held, Ewig-Vater, Friede-Fürst, und in Jesaja 66,13 wird G*tt mit einer Mutter verglichen: »Ich will euch trösten, wie einen seine Mutter tröstet.« Im Hebräerbrief ist ein Name für Jesus »der Anfänger ihres Heils«. Im Johannesevangelium »der Weg, die Wahrheit und das Leben«. In der Offenbarung »das A und O«. Und immer wieder wird von Ruach erzählt, heilige Geistkraft, heiliger Hauch, Wind und Wehen, Schöpferkraft.

Die Namen für G*tt, sie bieten ein G*ttesverständnis an. Sie malen Bilder, wie G*tt sein könnte. Sie stillen eine Sehnsucht, sorgen auch mal für Irritation. Zeigen: G*tt ist nicht immer gleich.

Ich lese das als ein Angebot, es wird mir zur Inspiration. Ich traue mich ebenfalls, in meinen G*ttesbildern zu variieren und auch mal neue Namen zu verwenden.

Diese Namen müssen nicht für die Ewigkeit gelten. Viel eher dürfen sie eine Momentaufnahme sein, Ausdruck eines Wunsches, einer Hoffnung, einer Perspektive, die vielleicht noch fehlt im großen Register der G*ttes-Namen.

In einem Schreibseminar wagen wir es und sammeln solche Namen. Wir tragen zusammen und teilen, wie wir G*tt erleben oder ersehnen. Die Liste wird lang und länger, liest sich gar wie eine Litanei. Dabei ist vieles mit dabei:

G*tt, die Liebesbriefschreiberin, Powerbank und Aushaltende.
G*tt, Vater, Sohn, heilige Geistkraft.
G*tt, Rückenstärke, Heimat, die, die mich wortlos versteht.
G*tt, Anfang und Ende, Schwester und Freund.
G*tt, Antwort und Frage zugleich.
G*tt, wo bist du?
G*tt, ich bin da.

Insgesamt werden es fast fünfzig Namen, die wir da in wenigen Minuten zusammentragen. So unterschiedlich, wie wir sind, scheint es auch die Art zu sein, wie wir über G*tt denken, und welche Namen wir wählen, um das zum Ausdruck zu bringen. Wie G*tt sich zeigt, welchen Namen G*tt trägt, wie G*tt uns trägt, das unterliegt in diesem Moment keiner Bewertung, sondern ist für uns alle einfach eine Bereicherung. Weil es zur spannenden Frage einlädt: Wie könnte G*tt zu diesem Namen gekommen sein? Welche Offenbarung ist dieser Namensnennung vorausgegangen? Welche Sehnsucht spricht aus ihr?

So werden uns diese vielen G*ttesnamen zu einem weiteren Schreibanlass. Wir wählen einen Namen, den wir selbst nannten, oder leihen uns einen, den andere fanden, und versuchen uns an einer Herkunftsbeschreibung dieses Namens. Wir loten Bedeutungen aus, erzählen von Begebenheiten, buchstabieren und kreieren neue Bilder, stoßen auch an unsere Grenzen des Beschreibbaren. Auch das ist eine lohnenswerte Erfahrung.

Vielleicht braucht nicht jede Person, die von G*tt erzählen will, verschiedene Namen, um das zu tun. Vielleicht gibt es einen, der ausreicht, für alle Zeit gültig bleibt. Vielleicht kann es aber manchmal auch helfen, sich verschiedener Bilder zu bedienen. Denn möglicherweise bleibt G*tt uns zu groß, als dass ein einzelner Name alles auszudrücken vermochte, was wir mit G*tt verbinden.

Ich erlebe G*tt als Gestaltenwandler. Oft mehr Eindruck als Erfahrung. Will ich davon erzählen, brauche ich Bilder. Und weiß mich doch auch darin begrenzt. Aber vielleicht ist ja auch dies, meine Begrenztheit, ein Name, eine Art, von G*tt zu erzählen.

Schöpferisch sein

Vielleicht ja kein ganz abwegiger Gedanke: dass nach Himmel und Erde, Licht und Dunkelheit, Sonne, Mond und Sterne, Meer, Pflanzen, Tieren und Menschen dann auch noch die Dinge erschaffen wurden, die das Leben nur noch schöner machen: Farben, Wörter, Töne, Geschmack und Gefühl. Und die Schöpferkraft, nennen wir sie mal G*tt, hätte gesagt: »Hier, Leute, habt ihr alles. Macht was draus! Viel Spaß.«

Und dann hätte es begonnen mit dem Bildermalen und dem Geschichtenschreiben und dem Musikmachen und dem Kochen und Backen und Essen und Lachen und Tanzen und Theaterspielen und Feiern und Küssen und Lieben. Paradiesischen Zuständen gleich.

Und nicht ganz abwegig deswegen, weil es ja wirklich irgendwann begonnen hat, dass die Menschen anfingen, noch mehr aufs Leben zu geben. Als die wesentlichen Grundbedürfnisse gestillt waren, blieb eines Tages Raum für mehr Gestaltung und Entwicklung. Sie selbst wurden schöpferisch. Kreativ. Sie kreierten Dinge. Sorgten für Erneuerung und Verwandlung. Taten etwas nicht mehr nur aus einer Not heraus und an einen definierten Zweck gebunden, sondern einfach auch mal so. Für schön. Für die Seele. Fürs Herz.

Scrolle ich durch meine Handyfotogalerie, wird mir irgendwann auch ein Bild angezeigt, das ich im März 2020 machte. Im ersten Lockdown. Als alles geschlossen war, heruntergefahren, stillgelegt. Das Foto zeigt ein Kino in Berlin-Neukölln, an dem ich damals vorbeiradelte. »Tschüss. Bis bald« stand dort auf der großen Tafel, wo normalerweise die nächsten Filmtitel angekündigt wurden. Ich machte ein Foto davon. Nicht wissend, wie lange das Kino geschlossen sein würde. Wann wohl *bald* wäre. Wenn ich es heute sehe, erinnert es mich an die Lücke, die damals entstand und die teilweise bis heute noch spürbar ist: die Kunst-Pause. Die Schutzmaßnahmen, die aufgrund der weltweiten Coronapandemie damals beschlossen wurden, sie sorgten auch für ein zumindest zeitweises Erliegen der Kultur- und Veranstaltungsbranche. Für eine ganze Zeit hieß es: kein Kino, kein Theater, kein Konzert, keine Ausstellung, keine Buchmesse, kein Restaurantbesuch, kein Trödelmarkt, kein Schwimmbad. Was mich damals schon berührte: Es fehlte was. Nicht nur mir. Sondern der Welt. Sie wurde so leise, schien weniger Farbe zu haben, war weniger virtuos. Auch wenn ich in der Zeit vor Beginn der Pandemie vermutlich nur einen winzigen Bruchteil der vielen Kulturangebote wahrgenommen hatte, die mir etwa meine Stadt bisher offeriert hatte, so fehlte mir nun gänzlich die Möglichkeit, das zu tun. Uns allen.

Was mich aber auch berührte: Menschen fanden Wege, das Leben auch weiterhin in bunten Farben anzumalen, ihre Stimmen, ihre Töne, ihre Texte zur Welt zu bringen, in all ihrer Vielfältigkeit. Nicht nur, um ihr eigenes Überleben als Künstler*innen zu sichern, sondern weil wir Kunst brauchen. Vielleicht ganz besonders in Krisenzeiten. So malten schon die Kleinsten mit Fingerfarben Regenbögen auf Fensterscheiben. Nachbar*innen spielten über zwei Etagen hinweg bei geöffneten Balkontüren miteinander Saxofon und Klavier. Es gab virtuelle Kunstausstellungen, Theateraufführungen und Konzerte. Köstlichste kulinarische Kreationen konnten bestellt und bis auf die heimische

Fußmatte geliefert werden. Chorproben fanden jetzt in Form von kleinen Kacheln auf dem Bildschirm statt. Harmonien entstanden von zu Hause aus. Es wurde so viel gestreamt und gelesen wie wohl nie zuvor. Wir Menschen wurden erfinderisch. Entwickelten neue Ideen und Formate, versuchten Lücken zu füllen, uns nah zu kommen – auch auf Abstand. Berührend war das und beeindruckend, zu sehen, was auf einmal alles möglich schien. Wie sich die Welt wandelte und wir uns mit ihr.

Zu dieser Geschichte gehört jedoch auch, dass irgendwann die Erschöpfung kam, Ermüdung. Auch Enttäuschung. Weil die Pandemie lange dauert. Uns Kraft kostet. Und viele das Gefühl haben, vergessen worden zu sein. Dauerhaft innovativ zu sein und mit immer neuen Herausforderungen umgehen zu müssen, das zieht unglaublich viel Energie, bringt uns an Grenzen und manchmal sogar darüber hinaus. Und doch – oder vielleicht gerade deswegen –, ist es bemerkenswert, dass neben der Erschöpfung auch weiterhin das Schöpferische steht: Es gibt noch Musik, Theater, Bücher und Bilder. All das wird noch gebraucht. Findet seine Plätze. Trotz schwerer Bedingungen, Verschiebungen, Entbehrungen. Immer wieder tun sich Nischen auf, fügen Menschen das ihrige der Welt hinzu: als Pinselstrich, Musikstück, Wort oder Performance. Kunst ist Unterhaltung, ein Angebot zur Flucht aus dem, was uns das Herz beschwert – oder aber Ausdruck genau dessen. Darin finden wir uns wieder. Kunst zeigt ein Am-Leben-Sein. Ganz virtuos, ganz vielfältig.

Ich glaube, darin steckt eine große Kraft, die uns ermöglicht, der Welt zu begegnen, uns in ihr zu verhaften oder auch mal vor ihr zu fliehen. Kunst ist gleichermaßen Ausdruck von Individualität als auch Zeichen eines Gemeinschaftsgefühls. Sie verbindet. Mit sich selbst, mit anderen, mit der Welt – und ja, vielleicht auch mit einer Kraft, die all das zusammenhält. Weil sie uns an den Ursprung bringt, zurück an einen Anfang: Wenn die Erde wüst und leer daliegt, ist da auch die Möglichkeit, sie zu besiedeln mit Ideen. Wie lässt sich das Trennende verbinden? Wie lässt sich die Finsternis überwinden, das, was begrenzend ist? Was lässt uns sehen, was gut ist, was licht?

Aus dem Nichts ein Mehr werden lassen, vielleicht ist auch das eine Idee von Kunst. Beim Schreiben erlebe ich das so. Wenn da zunächst nur ein weißes Blatt ist, nur eine leere Seite, Wüste auf dem Papier – und dann beginne ich Worte zu finden, und plötzlich ist da Fülle. Mehr als ich zunächst für möglich gehalten hatte. Eine Idee, eine Geschichte, ein Ausdruck dessen, was mich bewegt. Ein winziges Zutun zur Welt. Nicht immer an einen Zweck gebunden, und dennoch selten sinnfrei. Weil es Sinn ergeben kann, sich auf diese Weise dem Leben zuzuwenden. Weil darin Sinn zu finden ist. Als Antwort, Ausdruck oder Ahnung: Das hier ist Menschsein, am Leben sein, schöpferisch sein. Für mich persönlich steckt darin auch eine spirituelle Erfahrung: Ich entdecke meine eigene Schöpferkraft. Weiß mich in einer Weise beschenkt und begabt, die ich mir nicht bewusst ausgesucht habe. Ich habe nicht entschieden, dass das Schreiben meine Form werden würde, im Leben Sinn zu suchen und zu finden – und das zum Ausdruck zu bringen. Ich hätte auch nichts dagegen, Bilder malen zu können oder durch ein Instrument auszudrücken, was mir eindrücklich ist. Doch es ist anders gekommen. In Worten finde ich mich wieder. Damit drücke ich mich aus. Werde kreativ, kreiere etwas, mache etwas neu.

Am Ende eines langen Schreibtages bin ich manchmal so erschöpft, dass ich mich kaum noch bewegen kann. Weil da so viel von mir aufs Papier geflossen und zum Ausdruck gekommen ist. Ich fühle mich ganz leer und gleichzeitig seltsam erfüllt. Ich habe etwas zur Welt gebracht, das so vorher nicht da war. Vielleicht ändert das nur meine Welt, aber auch die kann schon viel wiegen. Und so bleibe ich am Ende eines solchen Tages manchmal bewusst auf dem Sofa liegen, tue nichts mehr anderes als das, erkenne an, wie viel Kraft es kosten kann, das Leben in dieser Weise ins Wort zu bringen. Auch wenn das nicht immer Arbeit im erwerbstätigen Sinne ist, so ist es doch zumindest Seelenarbeit.

Und die verdient Aufmerksamkeit. Denn Erschöpfung meint auch: genug geschöpft, genug geschafft. Jetzt ist Zeit für eine Pause. Eine Unterbrechung des Geschehens. Einen Blick zurück vielleicht. Noch einmal nachlesen, was da geworden ist. Um es dann zur Seite zu legen. Wenigstens für diesen Tag. Siehe, es war gut. Und genug.

Zwischen den Zeilen

Im ICE auf der Strecke zwischen Berlin und Hannover höre ich den Podcast »Hotel Matze«. Matze Hielscher interviewt den Schriftsteller Benedict Wells. Es ist ein langes, kluges Gespräch über das Schriftstellerdasein. Ich höre gerne zu. Und doch bleibt mir besonders ein Gesprächsdetail in Erinnerung: Benedict Wells spricht davon, er habe oft das Gefühl, dass auch beim Romanschreiben zunächst das ES aus ihm herausschreibe. Das Unbewusste, wie Sigmund Freud es einst in der Unterscheidung zu ICH und ÜBER-ICH definierte. Ich weiß sofort, was Wells meint. Denn auch ich schreibe oft so: Erst mal drauflos. Erst später im Schreibprozess kommt eine kontrollierende Komponente hinzu. Zunächst aber geht es darum, das zu Papier zu bringen, was sich wie von selbst aus mir herauszuschreiben scheint.

Dabei habe ich einen wiederkehrenden Eindruck, der sich gar nicht so leicht beschreiben lässt. Weil es mehr ein Gefühl ist als eine beweisbare Wahrheit: Manchmal ist mir beim Schreiben so, als passierte da etwas im Dazwischen. Als gäbe es da ein Knistern. Da scheint es, als wäre zwischen meinen Zeilen schon jemand vor mir dagewesen oder zumindst in diesem Moment an meiner Seite. Er führt meine Feder. Zieht mich hinaus ins Weite. Hat Lust zu mir. Und ich? Ich bin völlig im Flow. Will gar nicht aufhören, Buchstaben aneinanderzureihen, will gar nicht auftauchen aus diesem Zustand des unerklärlichen Abgetauchtseins. Es ist ein Im-Fluss-Sein. Ein Nicht-wissen-was-am-Ende-geschriebensein-wird. Ein Wollen-wir-doch-mal-schauen-was-passiert, das mich so fasziniert.

Und vermutlich, weil es da dieses Grundgefühl eines Gehaltenseins in der Welt gibt, dazu meine religiöse Muttersprache und meine spirituellen Sehnsüchte, gab es da den Moment, wo ich mich zu fragen begann, ob diese Erfahrung, die ich beim Schreiben immer wieder machen durfte, nicht auch eine Form meiner persönlichen Spiritualität sein könnte. Eine Weise, der Kraft näherzukommen, die ich oft G*tt nenne. Ein Teil einer lebenslangen Reise. Ohne vorab festgestecktes Ziel. Eine Suchbewegung. Eine Spurensuche. Ein Versuchen.

So denke ich etwa über den Zusammenhang von Inspiration und Spiritualität nach. In beiden Worten mit lateinischem Ursprung lassen sich Ableitungen und Wortverwandtschaften der Begriffe *spirare* und *spiritus* finden. Häufige Übersetzungen sind demzufolge »Hauch« und »Atem«, aber auch »Einhauchen«, »Beseelung« und »Geist«. Inspiration bedeutet dann vielleicht so viel wie: Begeistert und angefeuert werden von einer zündenden Idee, einer größeren Kraft, einer Form des Lebens. Spiritualität kann die Suche nach dem Ursprung all dessen bedeuten.

Diese Worte und ihre Herkunft jedenfalls machen, dass ich öfter mal den Gedanken zulasse: Nicht alles kommt allein aus mir. Da gibt es etwas, das wie in mich hineinfährt, das mir nah kommt, mich erfüllt. Eine Ausdrucksform von Lebendigkeit. Als Lebensatem, Seelentrost, frischer Wind, Begeisterung. Nicht ich finde die Worte, die Worte finden mich. Das begeistert mich.

Und so bedeutet dieses Einhauchen immer wieder auch ein Eintauchen: in einen Zustand des Nichtbeweisbaren. Ich kann es nur erahnen: Hier gibt es ein Mehr an Möglichkeiten. Hier bin ich nicht allein. Hier erweitert sich mein Bewusstsein.

Manchmal nutze ich das Schreiben und wende mich dem bewusst zu. Halte mich offen. Bin neugierig, gespannt und erwartungsvoll. Vertraue: Etwas wird werden, sich ereignen, hat vielleicht längst schon begonnen.

Schreiben ist mein Beten

Ich habe schon auf Knien gebetet, im Liegen und im Rhythmus meines eigenen Atems. Meine Finger berührten beim Beten schon Perlen eines Rosenkranzes, ein kleines Kreuz, einen Engel aus Messing. Mein Gebet habe ich schon mit brennenden Teelichten zum Ausdruck gebracht und mit Tischtennisbällen, die die Stufen zum Altarbereich herunterhopsten. Ich formulierte Bitten und Dank schon auf Papierschiffchen und auf Karten, an einen Luftballon gebunden. Ich übergab sie Wasser und Luft. Auch habe ich sie schon in eine Stoffserviette geatmet, die danach draußen wie in ein Grab in eine Grube gelegt und mit Erde bedeckt wurde. Auch Teil eines Feuers wurde mein Gebet schon. Ich konnte sehen, wie sich die Flammen knisternd mein dicht beschriebenes Stück Papier nahmen. Rauch stieg dadurch auf zum Himmel. Gebetsworte, ich sprach sie schon laut aus und ganz leise. Geschrien habe ich sie tatsächlich noch nie, aber geflüstert schon ganz oft. Meine Gebete bestanden schon nur aus Fragen, Zweifeln, Anklagen – und auch mal nur aus Dank, Freude und Zufriedenheit – und sie waren auch schon ganz wortlos, ganz stumm. Jedenfalls immer verschieden. Nicht immer gleich.

Dabei dachte ich früher, Beten geht so: Hände falten, Augen schließen, fromme Gedanken haben, Amen sagen. Das Ganze wird eingerahmt durch eine Anredeformel wie zum Beispiel »Lieber G*tt« oder auch »G*tt, unser Vater« und die abschließenden Worte: »Im Namen des Vaters und des Sohnes und des Heiligen Geistes« oder auch »Gelobt sei Jesus Christus, in Ewigkeit, Amen«.

So ist es mir seit frühen Kindertagen vertraut gemacht worden, dieses Beten. Und ehrlich gesagt, fand und finde ich es gar nicht so leicht, zu anderen, zu eigenen Formen des Betens zu finden. Weil es zwar Traditionen und Ideen gibt, wie Beten gehen könnte – aber eigentlich gibt es dabei keine eindeutige Regel, kein Richtig oder Falsch. Und nicht nur eine Form. Es gibt keine Garantie, dass mein Gebet eher erhört wird, wenn ich darin möglichst oft »Jesus« sage oder betone, dass G*tt wie ein Vater für mich ist.

Dass das so ist, kann eine große Freiheit bedeuten, birgt aber auch die Gefahr des Missbrauchs: Denn schon immer gab es Menschen, die anderen aus dieser Uneindeutigkeit heraus dann doch eine Regel aufzudrücken versuchten. Und es mag auf den ersten Blick ja auch leichter scheinen, wenn dir jemand vorsagt, wie du richtig zu beten hast, und dir damit verbunden vielleicht sogar ein Heilsversprechen macht: Bete so, wie ich es dir sage, dann wird dir geholfen. Im Vergleich dazu kann es herausfordernder sein, zu einer eigenen Haltung des Betens zu finden. Denn plötzlich sind da Fragen, deren Beantwortung gar nicht so einfach ist: Zu wem bete ich eigentlich? Und warum? Wie geht das? Was bringt das? Was ist meine Form?

Wie so vieles, das heute meine Spiritualität ausmacht, kam das Gebet schon früh in mein Leben. Ich musste nicht erst danach fragen, nicht erst selbst den Gedanken entwickeln, es könne ja vielleicht guttun und Sinn ergeben, ab und an nicht allein mit dem zu bleiben, was mir das Herz schwer macht oder es aber vor Freude bis zum Hals schlagen lässt. Die Vorstellung, es gäbe da ein Gegenüber, an das ich mich wenden darf, die ist mir seit Kindertagen vertraut. Und doch unterliegt sie einem ständigen Wandel. Wenngleich ich viele Gebete und Gebetsformeln auswendig weiß, die mir die Kirche oder mein Elternhaus anboten, sind sie heute nicht mehr unbedingt das, was mir entspricht, wenn ich ans Beten denke.

Dennoch gibt es durchaus Zeiten, in denen ich dankbar bin für die Worte, die mir meine Glaubensgemeinschaft zum Gebet anbietet. Angefangen damit, dass ich G*tt ziemlich selbstverständlich duzen darf. Wie eine enge Vertraute, wie ein Familienmitglied, irgendwie schon immer da. Auch gibt es Formulierungen, die ich in einer Weise auswendig kann, dass sie mir Halt geben können, weil ich nicht über sie nachzudenken brauche. Wenn mir die Worte fehlen, treten sie an diese Leerstelle, füllen eine Lücke und geben mir wenigstens kurz das Gefühl, nicht ganz wortlos und verloren zu sein. *Kyrie eleison* ist solch ein Ausdruck – »Herr, erbarme dich«. Oder auch das Frühstücksgebet meiner Kindheit, das mir wie selbstverständlich über die Lippen geht: »Ein neuer Tag bricht an, die Nacht ist schon vergangen, G*tt, alles was ich kann, will ich mit dir anfangen.« Manchmal denke ich an diese Worte, wenn ich morgens aufwache, und mein Bewusstsein erst beginnt zu begreifen: Ein neuer Morgen ist da. Und ich bin es auch. G*tt sei Dank.

In einem Podcastinterview, das der Gründer der franziskanischen Lebensschule »barfuß und wild«, Jan Frerichs, im Februar 2022 mit mir führte, sagte er plötzlich den Satz: »Es klingt so, als wenn diese Art des Schreibens eigentlich sowas ist wie Gebet.« Zuvor habe ich davon gesprochen, dass es sich manchmal so anfühle, als schreibe etwas wie durch mich hindurch. Und dass das Schreiben dann wie ein Gespräch sei mit einem Gegenüber, von dem ich mich schon öfter gefragt habe, ob es nicht auch etwas G*ttliches in sich trage. Im Interview zögerte ich nicht, sondern stimmte Jan zu. Ja, Schreiben sei mein Beten. Ich glaube, ich habe das nie zuvor so deutlich formuliert. Schon gar nicht öffentlich. Vielleicht, weil meine Wurzeln tief gründen und ich dann doch stärker geprägt bin von Vorstellungen, wie etwas zu sein hat, als ich das gern zugeben mag. Vielleicht denke ich ja doch, es gibt richtige und falsche Arten zu beten. Und meine Art, das zum Beispiel schreibend zu tun, gehört eventuell eher zu letzterer Kategorie. Weil es etwas ist, was ich nicht bis ins Letzte erklären kann. Mehr Gefühl als Gewissheit. Vielleicht auch mehr Wunsch als Wirklichkeit. Wer weiß das schon?

Und doch ist da immer wieder diese Erfahrung: Ich schreibe einen ersten Satz und dann passiert etwas. Worte fließen aufs Papier. Ich erlebe einen Flow. Zu meinen Fragen gesellen sich Ahnungen von Antworten. Meine Klage, meine Verzweiflung, sie finden einen Ausdruck – aber erfahren keine äußere Bewertung. Zugegeben: Auch nicht immer gleich Klärung oder Trost. Und doch: Mein Herz wiegt leichter, wenn ich auch das Schwere darin zu Papier gebracht habe. Ich vertraue mich an. Halte mich hin. Als würde ich schreiben: Hier, nimm. Ich kann das nicht alleine tragen. Hilf mir dabei. Du. Mein Gegenüber, mein Schon-immer-da, du bist mir innenliegend-auswendig vertraut. Ich vertraue auf dich.

Damit fühlt sich mein Schreiben manchmal auch an wie das, was im Christentum seit uralten Zeiten Kontemplation genannt wird, lateinisch *contemplari*, was so viel bedeutet wie »beschauen« oder »sein Augenmerk auf etwas richten«: Es meint eine besondere Form des Gebets. Meist in Stille, meist eher wortlos. Es ist ein Sich-Versenken, ein Sich-Hingeben, ein Sich-Betrachtenlassen, vielleicht ein Sich-einer-größeren-Kraft-Überlassen. Das entspricht eigentlich gar nicht meinem natürlichen Wesen. Normalerweise habe ich die Dinge gern unter Kontrolle, bin organisiert und planvoll. Und doch gibt es Zeiten, da sehne ich mich danach, etwas von dieser Kontrolle abgeben zu dürfen. Wenn mir die Welt zu groß wird – oder ich mich selbst darin zu klein fühle. Dann halte ich mich hin. Überlasse mich. Lasse los. Und darf die Erfahrung machen: Auch im Loslassen werde ich gehalten.

Und manchmal ist es dann, als ändere sich plötzlich die Perspektive. Vor allem beim Tagebuchschreiben ist das so. Da entwickelt sich auf dem Papier eine Art Zwiegespräch. Wie zwischen einer anderen Person und mir. Da entspinnt sich ein Dialog. Dann spreche ich wie zu mir selbst und verfüge mit einem Mal doch auch über ein Wissen und eine Weisheit, von der ich nicht gedacht hätte, dass ich sie in mir trage. Da ist dann Erkenntnis, manchmal auch Einsicht, jedenfalls immer eine Einladung in ein Mehr an Worten, das mir vorher verschlossen war. Es stand schon so vieles da: *Du bist nicht verloren. Heute wird ein guter Tag. Fürchte dich nicht.*

Ich schrieb diese Worte und tat es doch auch nicht. Sie schrieben sich viel eher wie durch mich hindurch. Waren die Antworten auf meine Fragen. Dringend benötigt, dringend gebraucht. Und doch hatte ich unmittelbar vorher nicht das Gefühl gehabt, mir diese Sätze selbst zuschreiben zu können, viel zu verzweifelt oder verwirrt fühlte ich mich. Dennoch standen sie plötzlich da. Indem ich mich schriftlich zu Wort meldete, fand ich mich auf einmal wie in einem Schriftwechsel wieder. Hin und her ging es. Und führte spürbar zu einer Veränderung. Weil meine Gedanken und Gefühle eine Erwiderung fanden: Aus Verunsicherung wurde Klarheit. Meine Traurigkeit fand zu einem Trost. Meine Anspannung wich einem Vertrauen. Aus meiner Irritation erwuchs ein neues Verständnis.

Ich bin vielleicht zunächst die, die als Erste das Wort ergreift, aber dann ist es, als übernehme jemand anderes. Ist da. In einer Weise, die für mich letztlich unbeschreiblich bleibt. Und zu der ich mich doch hinzuschreiben versuche. Weil mich diese Kraft, die ich bei dieser Art des Schreibens erlebe, unglaublich fasziniert. Denn sie scheint weder einen eindeutigen Anfang noch ein Ende zu kennen. Wann höre *ich* auf, und wann fängt diese Kraft an? Sind wir wirklich zwei oder ist diese Kraft einfach ein Teil von mir? Kann ich sie heraufbeschwören, gar provozieren?

Ich habe keine abschließenden Antworten darauf. Werde sie möglicherweise nie haben. Vielleicht bleibt diese Erfahrung auf ewig ein Mysterium. Dabei gibt es vermutlich wissenschaftliche Erklärungen für diese Erfahrung. Neurologische Nachweisbarkeiten. Psychologische Deutungen. Nichts davon würde ich leugnen oder ablehnen. Auch will ich niemanden davon überzeugen, allein im Schreiben sei G*tt zu finden.

Viel eher ist es so, dass ich merke, wie gut mir der Gedanke tut, im Schreiben nicht ganz allein zu sein, sondern darüber einen neuen Zugang zu finden zu diesem g*ttlichem Gegenüber, das mir letztlich ein Geheimnis ist. Unsichtbar und doch spürbar, immerdar, zwischen meinen Lebenszeilen.

Mein Tagebuch, manchmal ist es für mich daher wie die kleinste Kapelle der Welt. Ich schlage es auf und gehe wie durch ein Portal hinein. Hier drin ist es behaglich. Licht fällt durch Fenster. Es malt Bilder auf den Boden. In der Luft hängt ein vertrauter Duft. An diesem Ort können meine Sinne zur Ruhe kommen. Es gibt wenig Ablenkung. Der Raum ist hell und unverstellt. Ich nehme Platz. Richte mich ein und richte mich aus. Und dann findet das einen Ausdruck, was ich draußen erlebt habe oder aber versteckt. Hier darf ich es lassen. Hier lass ich es los. Hier wird es gehalten. Hier bin ich allein. Und bin es doch nicht. Etwas ist mir zugewandt. Ich wende mich dieser Gegenwart zu. Auf mein »Ich« antwortet ein »Du«.

Wenn ich das Tagebuch zuklappe, schließe ich auch die Tür zu diesem Raum, der mir in gewisser Weise heilig ist. Diese kleine Kapelle. Was hier drinnen passiert ist, dringt nicht einfach nach draußen. Es bleibt geschützt, hat nun einen Rahmen, der es hält. Ich kann jederzeit hierher zurückkehren. Zuflucht suchen und zur Ruhe kommen. Mein Herz erfährt hier Resonanz. Im Zwiegespräch verwischen meine Zweifel. Im Dialog finde ich ein Du. Manchmal steht am Ende eines solchen Schreibgesprächs das kleine Wort »Amen«. Ein Ja. Ein So sei es. So werde es. So bleibe es. Jetzt und alle Zeit.

Ja-Worte finden

Ich kann sie schon sehen: Wie sie da beide ganz vorne stehen. Mit klopfenden Herzen, Tränen in den Augenwinkeln, vielleicht ein wenig zitternden Händen. Heute ist der Tag, an dem sie sich vor allem ein Wort zu sagen haben: *Ja.* Zu ihrer Liebe, ihrer Treue, ihrer Hoffnung, miteinander durchs Leben zu gehen – komme, was wolle.

Es sind noch einige Wochen bis dahin, ich aber bin irgendwie schon mittendrin, weil ich den beiden einen Text schreiben darf. Zum Segen für ihr gemeinsames Leben. In ihrem Traugottesdienst findet er einen Platz, soll ausdrücken, was in diesem kleinen Wort »Ja«, das sie sich geben wollen, noch alles steckt. Und so habe nun *ich* Herzklopfen, Tränen in den Augenwinkeln, ein wenig zitternde Hände, als ich versuche, ein paar wenige Worte zu finden, für das viele, das die beiden füreinander fühlen.

Insbesondere dann, wenn ich einen Text schreibe, der anderen zum Segen werden soll, der Ausdruck eines Wunsches ist, eines Gebets, einer Liebesgeschichte, versuche ich mich beim Schreiben manchmal in eine andere Haltung zu bringen: Ich frage mich, wie G*tt diese Menschen wohl betrachten würde, von denen diese Geschichte, dieser Text, diese Worte gerade erzählen. Ich versuche mir G*ttes Blick zu leihen. Ich stelle mir vor, wie tief dieser Blick reicht. Wie liebevoll er ist. Wie darin so viel Würdigung liegt. Wertschätzung, Kenntnis und Vertrauen. Dieser Blick sagt: Ich sehe dich. So wie du bist. Geliebt. Genug. Einfach, weil du da bist. Kein Zufall.

Für einen Augenblick ist es dann, als würde ich das Paar, über das ich schreibe, nicht nur aus meiner Perspektive sehen. Viel eher trete ich einen Schritt zurück. Lasse eine Lücke. Komme ihnen dadurch vielleicht noch einmal anders nah. Und dann sind da auf einmal Worte. Verwobenes aus dem, was ich über die beiden weiß, was sie mir erzählten, worum sie beten. Und dann noch so etwas, das ich nicht anders als ein Schimmern beschreiben kann. Ein Funkeln. Ein Aufblitzen von etwas mehr. Es fügt sich so ein. Lässt meine Worte leuchten. Lässt mich auch sehen: Das G*ttliche in diesen beiden. Es ist da. Ich kann es sehen. Und davon erzählen. Und so ist der Text, den ich am Tag der Hochzeit lese, schließlich eine Art Co-Produktion. Eine Mischung aus den Worten, die die beiden für sich selbst hatten, dazu meine und dann noch welche, die vielleicht über uns alle hinausreichen. Und damit wahrlich zum Segen werden.

Einander Verbündete sein

Mein Herz klopft, während ich darauf warte, dass es losgeht. »Der Host lässt Sie gleich eintreten«, lese ich auf dem Bildschirm. Alles ist bereitet. Ich bin bereit. Und dann öffnet sich der Zoom-Room. Und ich bin eine von vielen Kacheln auf dem Bildschirm. Stummgeschaltet für den Augenblick. Und doch sichtbar. Es ist Mittwochmittag. 12 Uhr 30. Ich nehme an einem digitalen Mittagsgebet teil. In der Karwoche. Bald ist Ostern. Jetzt aber ist erstmal noch Alltag und dann wartet ja auch noch Karfreitag. Kreuzigung, Sterben, Tod und Lücke. Für jetzt aber lasse ich mich unterbrechen. Ein paar gute Minuten lang bin ich Teil einer Gemeinschaft von Menschen, die sich gar nicht alle untereinander kennen. Uns aber dennoch eint: Wir suchen etwas. Haben eine Sehnsucht. Brauchen mal eine Pause. Einen Zuspruch, ein Lied, Worte, in denen wir uns bergen können. Zu Beginn zünden wir alle eine Kerze an. Dort, wo wir eben gerade sind. Wir verneigen uns voreinander. Zum Zeichen der gegenseitigen Achtung. Es fühlt sich an wie ein warmes Willkommen. Ich finde meinen Platz. Kann gut hier sein. Inmitten von anderen. Und dann vergeht eine Zeit, in der eine laut liest und spricht und wir anderen mitlesen, mitsprechen. Im eigenen Tempo, in der eigenen Lautstärke. Ich sehe, wie sich die Lippen der anderen bewegen, genau wie meine. Stelle mir vor, wie da gerade Worte in Räume hineingeflüstert werden. Sie hallen wider von den Wänden. Auch in diesem digitalen Raum. Es sind nur wenige Minuten, die wir da miteinander verbringen. Und doch machen sie einen Unterschied. Gemeinsam mit anderen gebetet und gesungen zu haben, einen Psalm gesprochen, eine Bitte und einen Segen formuliert zu haben, das bringt mich diesen Menschen näher. Sie fühlen sich nah für mich an. Da ist eine Verbundenheit. Eine Gemeinschaft auf Zeit. In diesen Minuten sind wir einander Verbündete. Weniger allein.

Ich finde, es stimmt nicht, was manche auch nach mittlerweile mehr als zwei Jahren Pandemie immer noch sagen: Dass digitale Angebote nicht alle Sinne ansprechen könnten. Dass keine Nähe hergestellt werde. Dass Menschen sich fremd blieben. Nur Kacheln vor schwarzem Hintergrund. Unendlich weit voneinander entfernt. Was stimmt: Es ist anders, als sich in einem analogen Raum zu treffen. Aber so viele Erfahrungen, die ich auch in meinen Schreibseminaren in den vergangenen Jahren machen durfte, zeugen davon, dass anders nicht unbedingt schlecht sein muss. Im Gegenteil. Denn alles ist echt: das Vorlesen im Breakout-Room, der heiße Tee in der Lieblingstasse daheim, die Gänsehaut beim gemeinsamen Musikhören. Sie sind echt, die Tränen der Frau da in der kleinen Kachel und das verständnisvolle Nicken einer anderen gleich daneben. Die eigene Handschrift auf Papier ist echt, das Begleitgespräch via WhatsApp, die schöne Erschöpfung am Ende eines Seminartags. Es ist alles echt. Es ist alles jetzt. Und Hamburg liegt plötzlich gleich neben Nürnberg. Und wir liegen einander plötzlich sehr am Herzen. Und Worte fehlen uns allen mal. Und finden uns dann wieder. Und manchmal glaub ich, da ist ein Segen, der sich vor allem im Dazwischen zeigt. Er zoomt sich uns ins Leben.

Ein Begriff, den die Schriftstellerin und Theologin Christina Brudereck in mein Leben brachte und die es auch war, die zum gemeinsamen Mittagsgebet via Zoom einlud, ist der der »Erzählgemeinschaft«. Ich verstehe ihn wie eine Einladung, wie eine Erlaubnis: Ich darf mich einreihen in die lange Tradition derer, die sich Geschichten erzählen. Über Jahrhunderte, Jahrtausende hinweg. Ich darf mich mit ihnen gemeinsam bergen in einer großen Erzählung vom Leben. Ich darf mit ihnen suchen und mich sehnen. Darf hoffen, lieben, glauben, auch zweifeln. Die Erzählgemeinschaft lässt mich spüren: Ich habe vieles mit ihnen gemein. Bei ihnen reihe ich mich ein.

An diesem Wort »Erzählgemeinschaft« mag ich, dass es das Erzählen so hervorhebt. Das Weitersagen und Weitertragen von Worten, Erfahrungen und Erlebnissen, von Geschichten, die uns alle miteinander verbinden, in der wir alle vorkommen, auf unsere jeweilige Art und Weise – und dass das gemeinschaftsstiftend sein kann. Dabei verstehe ich die Erzählgemeinschaft nicht als einen exklusiven Kreis. Wer das zu sein für sich beansprucht, dem begegne ich eher mit Misstrauen als mit Zustimmung. Weil ich nicht glaube, dass das so gedacht ist: dass frohe Botschaften, gute Nachrichten, wichtige Geschichten nur manchen vorbehalten sein sollen. Viel eher lädt die Erzählgemeinschaft dazu ein, dich dazuzusetzen. So wie du bist. In früheren Zeiten versammelt um ein Feuer, heute vielleicht in einem Café, in einer Kirche, bei Zoom. Nicht der Ort ist im Wesentlichen entscheidend, viel eher geht es um eine Haltung: Deine Geschichte ist es wert, erzählt zu werden. Sie sollte Gehör finden. Sie ist Teil eines großen Ganzen. Eine Perspektive, die einzubringen, bereichernd ist. Für uns alle. Sie ist Resonanz auf diese Welt. Inspiriert durch eigene Erfahrungen oder auch die Erzählungen anderer.

Lese ich »Erzählgemeinschaft« im religiösen Kontext, der mir vertraut ist, in einem spirituellen Rahmen, so bringt es für mich auch zum Ausdruck, dass wir bestehende Erzählungen weitererzählen. Biblische Geschichten zum Beispiel, Psalmen, Briefe, Gleichnisse, gute Nachrichten. Wir nehmen sie beim Wort, erinnern uns an sie, lesen sie vor und betten sie doch immer auch neu ein: in das jeweilige Geschichtengefüge nämlich, in dem wir selbst gerade leben. So können diese Worte immer wieder neu klingen. Auf der Suche nach Sinn immer neue Wege aufzeigen. Auch die Bibel klingt anders, wenn wir sie in Pandemiezeiten rezipieren, in Zeiten von Krankheit und Krieg. Von Krisen zu lesen, während wir selbst eine Krise erleben, macht einen Unterschied. Auch bei anderen Ereignissen oder Erfahrungen ist das so: Sind wir selbst gerade verliebt, kann es sein, dass das Hohelied der Liebe in besonderer Weise zu uns spricht. Erwarten wir selbst gerade ein Kind, fiebern wir vermutlich anders mit Maria und Josef mit auf ihrem Weg nach Bethlehem. Sind wir selbst gerade in Sorge, können wir sie vermutlich besonders gut gebrauchen: die Worte, die uns zusagen: *Fürchte dich nicht. Hab Vertrauen. Ich bin bei dir.* Gleichzeitig kann uns das, was wir da lesen, was weitererzählt wird, auch sehr irritieren. Wenn es so gar nichts mit unserer heutigen Lebensrealität zu tun zu haben scheint, sei es aus persönlichem Erleben heraus oder aber, da sich gesellschaftliche Konventionen zum Glück geändert und weiterentwickelt haben, seit der Zeit, in der die Bibel entstanden ist.

Wenn das so ist, wird für mich auch noch eine zweite Idee des Weitererzählens biblischer Geschichten bedeutsam: Wir übersetzen sie in unsere eigene Welt. Fragen, wie sich das, was da vor so langer Zeit in Worten festgehalten wurde, in unserem Leben heute wiederfinden ließe. So lese ich die Bibel gerne als Fortsetzungsgeschichte: Anfänge sind längst gemacht, doch es besteht auch die Einladung, diese Geschichten fortzuschreiben. Zumindest ihre Botschaften können in unser Leben neu hineinbuchstabiert werden: Was ist Nächstenliebe im 21. Jahrhundert? Wie geht Vergebung? Was bedeutet Gnade? Was lässt uns hoffen? Was ist stärker als der Tod?

Manchmal habe ich das Gefühl, dass, wenn wir uns trauen, auf neue Weise mit diesen alten Texten in Resonanz zu gehen und uns diese Fragen zu stellen, diese Geschichten noch einmal eine weitere Kraft entfalten. Sie gewinnen einmal mehr an Bedeutung, weil sie uns nachdenklich machen oder neugierig oder uns auch mal irritieren. Sie bleiben nicht blutleer, sondern pulsieren im Takt unserer Herzen. Es kommt dadurch etwas zum Ausdruck: Diese Geschichten sind nicht zu Ende erzählt. Sie wandeln sich, entwickeln sich weiter, verlieren ihren Kern dabei nicht, sondern rücken ihn einfach noch einmal in ein anderes Licht. Und das kann auch unser Leben in einem anderen Licht erscheinen lassen.

Ich finde, bereichernd ist es besonders, das mit anderen gemeinsam zu tun. Wenn verschiedene Les- und Lebensarten aufeinandertreffen, nicht in Konkurrenz zueinander, sondern auf der Suche nach etwas Verbindendem, dann ist es wirklich so: Eine neue Nähe wird möglich, eine echte Verbundenheit. Eine Gemeinschaft entsteht. Sogar über Zoom. Sogar über die Zeit hinweg. Sogar mit Menschen, denen wir in unserem Leben gar nicht persönlich begegnen werden. Das Weitererzählen der Geschichten genügt. Es trägt. Wir docken an. Gehen ein Stück mit. Finden uns zwischen den Zeilen, in geteilten Botschaften und Haltungen wieder. In Sehnsucht und Suche.

Und alles ist dann echt: die Stimme derer, die die Geschichte erzählt, der Tee, den wir beim Hören trinken, die Gänsehaut. Sie sind echt: die Tränen, das Nicken, die Verbeugung, die Handschrift, das Gespräch. All das gehört zur Geschichte. Die Erschöpfung ist echt, die Nähe zwischen Hamburg und Nürnberg, zwischen damals und heute, zwischen dir und mir. Und das viele, das wir fühlen, es ist auch echt. Die fehlenden Worte und die wiedergefundenen.

All das ist Teil dieser großen, großartigen Erzählung namens Leben. Wir alle haben daran teil, sind Teil dessen. Eine Gemeinschaft von Erzählenden. Eine Gemeinschaft derer, von denen erzählt wird: Sie versammelten sich und teilten ihr Leben. Und das Leben wurde nicht weniger dadurch, es wurde mehr.

Wie klingt der Schnee?

Es ist nun schon ein paar Jahre her, da flutete ein Wort geradezu inflationär sämtliche Zeitschriftenauslagen und Bücherregale der Republik. Es war das Wort »Achtsamkeit«. Meist in geschwungenen Buchstaben auf Papier gedruckt und uns damit nach und nach ins Bewusstsein geschrieben. Dazu gesellen sich seitdem jedes Jahr mehr Seminare, Workshops, Vorträge, die Menschen vor allem in ihrer Erschöpfung anzusprechen versuchen. In diesem allgegenwärtigen Gefühl, sich im buchstäblichen Hamsterrad zu befinden und daraus unbedingt ausbrechen zu wollen, ist »Achtsamkeit« zu einer Art Modewort geworden. Es steht für die irgendwie aufrüttelnde Erinnerung: Sei doch mal im Moment. Bleib doch mal hier. Mehr bei dir.

Auch mich erwischte dieses Wort. Und das tut es bis heute. Nicht zufällig findet es sich auch im Untertitel dieses Buches. Und so sehr es auch Gefahr läuft, abgedroschen zu wirken, weil es so viel verwendet wird, so merke ich doch: Ich *will* achtsam sein. Mit diesem Leben, es ist ein Geschenk. Mit der Welt, auf der wir leben dürfen. Mit den Menschen, die mit mir hier sind. Und auch mit mir selbst. Ich will nicht gedankenlos durch die Geschichte streifen. Sondern auch mal stehenbleiben. Nach links schauen und nach rechts. Auf den Boden der Tatsachen und in den Himmel, das Zelt. Ich will aufmerksam sein für das, was geschieht, wenn scheinbar nichts geschieht. Wie das Leben sich zeigt. Wie Nacht wird. Und Morgen. Ich will mich berühren lassen von Musik und Worten, von Menschen, ihrer Art zu leben, ihren Geschichten. Ich will das Leben spüren, in seiner Ganzheit. Und mich darin. Als Resonanzkörper.

In meinem Lieblingsfilm »Jenseits der Stille« fragt der gehörlose Vater seine hörende Tochter Lara: »Wie klingt der Schnee? Was sagt er dir?« Gemeinsam stehen sie am Abend beisammen, blicken von drinnen nach draußen, sehen zu, wie die Welt weiß wird. Lara versucht zu erklären, dass der Schnee »bbbrrrrbrrrr« sagen würde, und »knirrschknirrsch«.

Als ihr Vater mit diesen Worten nichts anzufangen weiß, fügt sie hinzu: »Ehrlich gesagt, sagt der Schnee nicht viel. Man sagt sogar, dass er alle Geräusche verschluckt. Wenn Schnee liegt, ist alles viel leiser.«

Ich habe diese Szene viele Male gesehen. Sie berührt mich immer wieder. Wie da eine versucht, einem anderen die Welt zu erklären. So wie sie sie hört. Einen Moment scheint es, als würde die Welt sich langsamer dadurch drehen.

Ich will auch am Fenster stehen. Und zusehen, wie die Welt weiß wird und leiser. Ich will auf den Regen lauschen, der an die Fensterscheiben prasselt, und bemerken, dass sich das manchmal anhört wie Applaus. Ich will eine Gänsehaut an den Armen bekommen in dem Moment, in dem sich eine Wolke vor die Sonne schiebt, und es ein bisschen dauert, bis sie sie wieder freigibt und die Wärme zurückkehrt. Ich will das alles wahrnehmen. Es soll nicht einfach so geschehen, vorübergehen, ohne dass ich es bemerkte.

Ich wünsche mir, dass Achtsamkeit kein Trend ist, der uns irgendwann über ist. Viel mehr hoffe ich darauf, dass wir uns immer wieder erinnert wissen: Das Leben, es ist keine Selbstverständlichkeit, sondern eine Kostbarkeit. Und damit schützens-, erhaltens- und erzählenswert. So versuche ich, dem Leben in Achtung zu begegnen. Auf das Leben achtzugeben. Das Schreiben hilft mir dabei. Es lenkt meinen Blick. Macht mich aufmerksam für das Wesentliche unserer Zeit. In aller Schnelllebigkeit kann das Schreiben zum Gegenpol werden: Ich schreibe im Schneckentempo, wie in Zeitlupe, halte die Zeit damit einen Moment fest, bevor sie vergeht. Erst dann gehe ich weiter.

Gelingt es mir, den Blick zu behalten, besonders auch für die kleinen Dinge, habe ich manchmal das Gefühl, ich komme der Dimension näher, die auch mit Achtsamkeit gemeint sein kann: der Geistesgegenwart. Ich verstehe das im doppelten Sinne. Zunächst auf mich selbst bezogen, die ich meinen Geist und meine Sinne schärfe. Im Schreiben übe ich die Fokussierung, das bewusste Wahrnehmen des Moments. Ich bin ganz hier. Die Worte selbst zeugen von mir.

Zum anderen möchte ich aufmerksam sein für die Kraft, die in allen Dingen liegt, das Geistvolle im Leben. Meiner Erzähl- und Glaubensgemeinschaft ist die Idee einer »heiligen Geistkraft« vertraut. Sie ist eine Form dessen, wie wir G*tt erleben und beschreiben. Sie ist etwas Ursprüngliches, das sich immer wieder anders zeigen kann. Als Hauch, als Wind, als Feuer. Im Traum, im Sturm und in der Stille. Als Zeichen von Verwandlung, Verbindung, Vertrauen. Durch diese Kraft wird die Welt neu. Sie gießt und sie blüht, sät Fragen wie Samen, ist Garten und Gärtner zugleich. Nicht leicht zu fassen, oft nur zu erahnen. Dennoch etwas, an dem wir uns festmachen. G*tt ist gegenwärtig.

Von Joseph von Eichendorf stammen die Zeilen:

Schläft ein Lied in allen Dingen,
die da träumen fort und fort,
und die Welt hebt an zu singen,
triffst du nur das Zauberwort.

Ich lese darin auch, eine Einladung zu suchen. Nach etwas, das über uns hinausweist, nach versteckter Schönheit, Poesie. Nach einer Kraft, die macht, dass die Welt zu singen beginnt, die einen Raum eröffnet, in dem mehr möglich ist, als wir vielleicht zunächst denken.

Diese Suche verstehe ich als einen Akt von Achtsamkeit. In dem Moment, in dem ich mir mein eigenes Sein in dieser Welt vergegenwärtige, es bewusst wahrnehme und wertschätze, werde ich auch aufmerksam für die Gegenwart einer größeren Kraft. Das Schreiben schenkt mir dazu einen Schlüssel, öffnet einen Raum, weckt mich, wie aus einem Traum. Fort und fort suche ich das Zauberwort.

Worte wie feste Burgen

Es ist ein überraschend sonderbares Gefühl, als ich das grüne Grundstück sehe: Pflanzen, Wiese, ja sogar kleine Bäume haben hier die Oberhand gewonnen, sich allen Raum genommen, der ihnen neu zur Verfügung gestellt wurde. Ich war einige Jahre nicht hier. Kaum erkenne ich den Ort wieder, der mir in meiner Kindheit so vertraut war. Kleiner wirkt die Fläche heute. Oder bin nur ich es, die größer geworden ist? Dabei scheinen wir beide weiter gewachsen zu sein. Wir sehen anders aus als damals. Die Zeit ist nicht stehen geblieben. Entscheidungen wurden getroffen, Abschiede genommen, Neues begonnen.

Mehr als 100 Jahre stand hier ein Gotteshaus. Die Kirche, in der ich zur Kommunion gegangen bin und gefirmt wurde, in der ich viele Stunden als Messdienerin im Altarbereich stand, saß und kniete, und in der ich schon als kleines Kind auf der Kniebank herumkletterte, es gibt sie nicht mehr. Zumindest nicht als Gebäude. Vor ein paar Jahren wurde sie entweiht, profaniert, und dann abgerissen. Heute ist hier alles grün. Wer zum ersten Mal hier stünde, würde vermutlich nicht unbedingt darauf kommen, dass an dieser Stelle einmal eine Kirche war. Die Mauern, die einst hoch zum Himmel aufragten, sind mittlerweile dem Erdboden gleichgemacht.

Dieser Anblick einer so sichtbaren Veränderung, er rührt mich an. Und ich weiß von vielen, nicht nur an diesem Ort, die um die Räume trauern, die ihnen einmal eine spirituelle Heimat waren, und die heute so nicht mehr existieren. Für mich persönlich ist das Kirchengebäude, das es heute hier nicht mehr gibt, ein Schauplatz in meinem Leben wie meine Grundschule oder mein Kindergarten und weniger ein heiliger Raum. Doch auch das kann schon etwas Bewegendes haben: Es gibt keine Möglichkeit, an diesen Ort zurückzukehren, der Teil meiner Kindheit war. Weder kann ich mich hinten zur Orgel stellen und mich erinnern, wie es war, dort mit dem Kinderchor zu singen, noch kann ich noch einmal durch den Mittelgang nach vorn gehen, so wie ich es ein Weihnachtsfest lang als verkleidete Maria getan hatte. Keine der Bänke ist mehr dort, auf der ich saß. Keine Sakristei, in der ich vor so manchem Gottesdienst Freund*innen traf. Nicht mal mehr der Duft von Weihrauch hängt noch in der Luft, von dem mir so oft übel wurde. All das existiert nur noch in meiner Erinnerung. Und vielleicht ist das total okay und auch ganz ausreichend so. Vor allem, weil ich nicht sagen würde, dass meine Fragen nach Sinn, meine Sehnsucht nach Mehr, mein Glaube an eine größere Kraft eher in einem Kirchenraum Raum findet als anderswo. Doch weiß ich von einigen, denen das anders geht: denen mit dem Abriss ihrer Kirche etwas genommen wurde, die etwas verloren haben, die eine Lücke fühlen. Und vielleicht ist das nur natürlich: Weil wir als Menschen, die im Leben durchaus nach Veränderung streben, uns auch nach etwas sehnen, das bleibt. Im großen Gewimmel der Welt scheint es für viele ein grundlegendes Bedürfnis nach Verortung zu geben. Nach etwas, an dem wir uns estmachen können. Eine Feste im eigenen Leben. Eine feste Burg vielleicht.

Und warum soll das nicht auch – oder vielleicht gerade – für das gelten, was uns heilig ist. Worin wir Sinn suchen. Antworten oder Erwiderung auf unsere eigene Existenz finden.

Doch diese Burgen bröckeln. Schon lange. Und abgerissene Kirchen sind vielfach nur äußerlicher Ausdruck eines inneren Abrisses. Fragen nach Bestandsschutz lassen sich auf mindestens zweierlei Weise stellen: Wo geht es um Sanierung und Restaurierung runtergerockter Räumlichkeiten und wo reden wir besser mal über den Erhalt einer alten Institution, die sich unbedingt und grundlegend erneuern muss, damit sie fortbestehen kann?

Manchmal frage ich mich, ob das nicht auch ein starker Schreibantrieb sein kann: die Sehnsucht nach Verortung. Nach etwas, in dem ich mich bergen kann. Nach etwas, das sich beständig anfühlt, das bleibt. Wenn jedoch etwa religiöse Räume abgerissen werden oder sich aber viel zu eng, viel zu starr, viel zu widerständig gegen wichtige Weiterentwicklungen anfühlen – wohin dann mit der Sehnsucht?

Vielleicht ist eine Antwort, eine These dazu, die durchaus spirituell aufgeladen sein mag: Die Sehnsucht sucht sich ihre Wege. Irgendwann bricht sie sich Bahn. Verlangt nach einem Ausdruck, nach einer Antwort. Sie ist ein Antrieb. Gibt sich nicht mit allem, was man ihr anbietet, zufrieden. Sie will mehr. Und deswegen sucht sie danach. Stellt Fragen. Zweifelt an. Hakt nach. Und plötzlich eröffnen sich dadurch neue Räume, neue Perspektiven, Ahnungen, Hoffnungen.

Ich kann nicht mehr in die realen Kirchenräume zurückkehren, die mir als Kind ein Dach über dem Kopf waren. Aber ich kann mich dorthin zurückschreiben, mich erinnern. Wie war das nochmal dort und damals? Und warum ist es eigentlich so, dass ich eher von biografischer Prägung spreche als von spiritueller Heimat, wenn ich an diesen Ort zurückdenke? Was führte zu diesem Gefühl? Wieso mache ich eine Unterscheidung? Wo gab es vielleicht Irritationen? Zu viele offene Fragen? Zu wenig Platz für mich, diese zu stellen? Das Schreiben davon, es bringt mich weiter. Näher heran an einen Kern, um den ich kreise. Ich schreibe mich zu den Wurzeln. Zum Grund, auf den ich mich gründe. Aber ich bleibe nicht dort stehen. Sondern schaue aus heutiger Perspektive darauf. Vergleiche diesen einen Ort mit anderen, in denen ich mich viel eher beheimatet fühlte, gehört und gesehen. Ich komme meiner tiefen Sehnsucht auf die Spur: Raum zu haben. Nicht begrenzt werden zu wollen von Mauern und Macht. Ich will gemeint sein, als die, die ich bin. Gleichgestellt in Würde und Rechten. Ich will zu meiner Stimme finden dürfen und diese erheben. Als eine von vielen. Aber genau darin nicht mehr oder weniger wert als andere. Ich will nicht zu allem Ja und Amen sagen müssen, sondern fragen dürfen: Warum? Ich will meine Wurzeln schätzen und mich doch auch dem Himmel entgegenstrecken.

Und weil ich diese Orte, diese Räume nach wie vor suche, verorte ich mich immer wieder auch in Worten: in denen, die andere vor mir schrieben, oder in denen, die ich selbst zu finden versuche. Diese Worte sind mir eine Berge für mein Herz. In ihnen weiß ich mich zu Hause. Ausdruck findet durch sie auch mein Schmerz. Außerdem schaffen sie Verbindung auch mit anderen Sehnsüchtigen. Im Schreiben und voneinander Lesen und Hören begegnen wir einander. Wir docken aneinander an. Wenden uns einander zu. Teilen Erfahrungen. Nehmen Gemeinsamkeiten wahr und Unterschiede. Nicht selten kam in Schreibgruppen, die ich begleiten durfte, schon das Feedback: »Das hier ist Kirche, wie ich sie so oft vermisse.« Dabei hatte über keinem der Schreibangebote das Wort »Kirche« oder »Gemeinde« gestanden. Viel eher wurde einfach ein Lebensgeschichtenraum eröffnet – in dem es auch Platz gab für die eigenen Fragen nach Sinn und Glauben. Dass Menschen darin zu einem Gefühl fanden, das sie persönlich als »Kirche« beschrieben, war nicht bewusst initiiert oder gar inszeniert worden. Es hatte lediglich das Platz gefunden, über das ich auch an anderer Stelle schon schrieb: Inspiration, Erfahrung, Resonanz. Verbunden mit einer Grundhaltung: Willkommen ist, wer kommt. Jede Geschichte ist erzählenswert. Ob das Kirche ist? Vielleicht. Meiner Sehnsucht und meinem Bild von Kirche kommt es jedenfalls sehr nah. Vielleicht merkt man das, vielleicht überträgt sich das. Ich hoffe sehr, nicht missionarisch-mauernd, sondern weltanschauungsweit.

Das grüne Grundstück, auf dem einmal ein Kirchenbau stand, es verrät nicht mehr viel davon, was hier einmal war. Ich stelle mir vor, wie es nun die Menschen sind, die davon erzählen müssen: Hier haben wir geheiratet. Hier wurde ich getauft. Hier ging ich zur Kommunion. Hier fand ich Frieden. Hier war ich Teil einer Gemeinschaft. Hier saß ich manchmal und habe geweint. Hier sang ich im Kirchenchor. Hier feierten wir die besten Feste. Hier war einmal etwas, das hat mir was bedeutet. Hier fühlte ich mich zu Hause. Hier begann eine Sehnsucht. Hier begegnete mir G*tt.

Die Mauern sind fort. Alles grünt und blüht. Die Pflanzen streben zum Himmel. Sind dabei verwurzelt im Boden. Während ich dort bin, ist gerade alles voller Löwenzahn. Ich pflücke eine Pusteblume. Der Wind und mein Atem wehen hindurch. Die Schirmchen fliegen durch die Luft. Manches wird sich weitertragen.

Glaube, Liebe, Hoffnung weiterschreiben

Die Welt wandelt sich. Und mit ihr auch die Worte. Was früher einmal passendster Ausdruck für etwas war, kann uns heute schon unverständlich vorkommen. Oder sonderbar leblos, blutleer. So erlebe ich wirklich immer wieder: Als Schreibende sind wir immer auch Übersetzer*innen. Wir übersetzen unsere Wahrnehmung der Welt in Worte. Und so ist es auch eines meiner liebsten Sprachspiele: herauszufinden, wie sich alte, vertraut geglaubte Geschichten und Erzählungen in unser Leben hineinbuchstabieren lassen. Wie sie dann klingen. Wo es Resonanz gibt. Wie sie Widerhall erzeugen. Wo sie Zustimmung erfahren und wo eher Ablehnung. Was sie uns zu sagen haben. Auch heute noch.

Ich versuche, die Staubschicht abzupusten von den alten Seiten. Ihnen neues Leben einzuhauchen. Am ehesten gelingt mir das, wenn ich versuche, das, was ich dort lese, in Fragen zu verwandeln:

Was führt uns heute in Versuchung, wenn nicht ein Apfel am Baum?
Welche Worte hat der Engel für mich?
Wo wohnt G*tt, wenn es heißt »mitten unter uns«?
Was lässt uns vertrauen?
Mache ich wirklich allen auf, die an meine Türe klopfen?
Worauf von dem, was ich geschafft habe, blicke ich und sage vollen Herzens: »Alles sehr gut«?
Wenn alles seine Zeit hat – welche Zeit ist dann jetzt?
Was wäre das Manna, für das ich dankbar wäre, wenn G*tt es vom Himmel auf die Erde regnen ließe?
In welchen weiten Raum sind meine Füße gestellt?
Wie geht Umkehr?
Warum fällt mir Danken leichter als Bitten?
Welche Seinsformen hat die Heilige Geistkraft wohl noch?
Gibt es Gerechtigkeit?
Wen oder was habe ich schon verraten?
Was bedeutet es, »Licht der Welt« zu sein?
Liebe ich meinen Nächsten vielleicht nicht sogar mehr als mich selbst?
Was sind die Mauern, von denen ich mir wünsche, G*tt würde sie mit mir überspringen?
Nach welchen Engeln halten wir Ausschau?
Welches Wort gibt mir Licht für jeden nächsten Schritt?
Was gibt G*tt den Seinen im Schlaf?
Wie werden wir klug?
Was verstehen wir als »Himmelreich«?
Wenn ich mit im Boot wäre, da auf dem See, im Sturm: Würde ich schlafen oder schreien?

Diese Fragen führen zu einer neuen Auseinandersetzung. Plötzlich sprechen die Geschichten, die ich in der Bibel finde, etwas in mir an. Sie bleiben nicht nur Geschichten in einem alten Buch, sie gehen mich etwas an. Mindestens ihre Botschaften, ihre Haltungen, ihre Fragen, ich kann sie auch auf mein Leben übertragen.

Ich lese darin ein Angebot: Nimm dir, so viel du brauchst, zum Glauben, Lieben, Hoffen. Welche dieser Worte erweisen sich für dich als tragfähig? Wo lassen sie dich ratlos zurück und was macht dich durch sie sprachfähiger, das auszudrücken, was *du* glaubst, worauf *du* hoffst, was *du* liebst?

In den Worten zu lesen, die andere vor mir, vor sehr langer Zeit einmal fanden, hilft mir dabei, auch meine eigenen Worte zu finden. Zunächst vielleicht vor allem für mich selbst. Durch das Schreiben der Fragen, die ich an einen Text habe, komme ich auch meinen eigenen Antwortversuchen näher. Ich lege diese Fragen immer mal wieder neu an mein Leben an. Wie kleine Brücken, über die ich hinübergehen kann, um mal zu gucken, was auf der anderen Seite so los ist:

Ausgehend von der Erschaffung der Welt, wie die Bibel es erzählt, blicke ich dann zum Beispiel auf das, was ich so schaffe. Oder auch nicht. Und wie ich das eigentlich bewerte.

Habe ich von einem Verrat gelesen, schaue ich genauer hin, wen oder was ich so alles verrate: Menschen, Prinzipien, mich selbst?

Wenn ich davon erfahre, wie ein Volk versorgt wird und viele satt werden, wie von himmlischen Speisen, und dennoch nur immer noch gieriger werden, werde ich aufmerksamer für das, was noch fehlt in dieser Welt. Was gebraucht wird. Wo die Gier regiert. Und wo ich mir Speisung wünsche, Segnung und Sattsein – nicht nur für einige, sondern alle. Jeden Tag. Ein bisschen Manna.

Mir sehr geläufig ist der Standpunkt, die christlichen Kirchen würden heute immer weniger Menschen erreichen, da sie einfach eine Sprache sprechen würden, die nicht mehr zeitgemäß sei. So wie die Kirche spreche heute doch niemand mehr. Ich stimme dieser Ansicht in gewisser Hinsicht zu – und vermisse in derlei Argumentationen gleichzeitig etwas Grundsätzlicheres: Ich glaube, es geht nicht allein um die Sprache. Es geht vor allem auch um eine Haltung, die sich in dieser Sprache meiner Meinung nach offenbart: Hier sind wir und da sind die anderen. Wir sehen etwas, was ihr nicht seht.

Ich empfinde Kirche oftmals als viel zu exklusiv und um sich selbst kreisend. Wie ein eingeschworener Club, in den hineinzukommen denkbar schwierig ist. Denn hier gelten eigene Regeln und Gesetze, außerdem eine Art Verhaltenskodex, häufig verbunden mit unausgesprochenen Geheimcodes: Wer die nicht kennt und kann, fällt schnell auf – und damit auch schnell raus aus dem Kreis, der sich Kirche nennt. Schon oft hörte ich von Freund*innen, die zum ersten Mal in ihrem Leben eine katholische Messe besuchten, wie unwohl sie sich gefühlt hätten, allein durch die Tatsache, dass sie nicht gewusst hätten, wann sie sich hätten setzen, aufstehen, knien sollen. Dazu die Liturgie, Gebete und Antwortgesänge, die längst nicht allen gleichermaßen vertraut sind.

Aus eigener Erfahrung kann ich natürlich nicht leugnen, dass wir meist vor allem dort unsere blinden Flecke haben, wo es uns schwerfällt, uns vorzustellen, dass jemand etwas nicht kennt, das uns so bekannt ist. Es mag ein schmaler Grat sein und ein wiederkehrendes Abwägen zwischen dem, etwas nicht immer automatisch vorauszusetzen, und dem, jemand anderes deshalb nicht gleich als unwissend und irgendwie fehl am Platz darzustellen. Ich glaube bloß, dieses Abwägen ist notwendig. Und zwar nicht in der Weise, sich selbst als die darzustellen, die alles besser weiß, sondern indem ich mich selbst auch als Fragende verstehe. Eher als eine, die selbst auf der Suche ist, anstatt als eine, die alles schon gefunden hat. Denn mal ehrlich: Ist das nicht viel ehrlicher? Nur weil mir manche Rituale in einem Gottesdienst vertraut erscheinen, kann ich weder ihren Ursprung oder ihre Bedeutung immer klar erklären, noch könnte ich behaupten, dass sie alle gleichermaßen meinen Glauben stärken oder ich dadurch andere spirituelle Erfahrungen mache. Auch ich kenne das Gefühl von Fremdheit – sogar in einem mir doch eigentlich vertrauten Raum. Manchmal sogar gerade da: vor allem wenn mir so manche Form, so mancher Ausdruck viel zu eng erscheint, als dass ich darin eine Weite oder Tiefe empfinden könnte.

Erfahrungen von Weite und Tiefe hingegen durfte ich in meinem Leben schon häufig machen, wenn ich insbesondere diese Gefühle von Fremdheit, von Fragenhaben, dieses Suchen und Sehnen zum Ausdruck bringen konnte – und Menschen, ganz gleich welcher religiösen oder auch nicht-religiösen Prägung, ihre eigenen Erfahrungen dazulegten. Ihre Geschichten erzählten und meine hörten. Wenn ein Gespräch darüber entstand. Wenn ein Ritual gefunden wurde. Eine gemeinsame Sprache, die für die Zeit des Zusammenseins gültig war. Wenn niemand versuchte, die anderen ungefragt von den eigenen Überzeugungen zu überzeugen, sondern da eine gewisse Offenheit blieb. Eine gegenseitige Achtung. Ein gemeinsames Noch-nicht-Wissen. Kein: Wir und die anderen. Sondern einfach ein »Wir«. Manchmal denke ich, wenn das eine verbreitetere Form von Kirche wäre, vielleicht bräuchte es dann auch weniger Sätze wie »Wir müssen mit dem Evangelium zu den Menschen gehen«, denn dann wären Evangelium und Menschen nämlich schon da. Und gemeinsam gingen wir weiter.

Als Schreibende, die sich mit Worten auf Sinnsuche begibt, mache ich es mir selbst immer wieder zur Aufgabe, Übersetzerin zu sein. Eine Art Vermittlerin. Manchmal wie zwischen den Welten. Ich spreche eine Sprache, die manchen wie eine Fremdsprache vorkommen mag. Es gibt da ein mir vertrautes Vokabular. Für mich war das schon immer da. Doch es ist dehnbar. Zu erweitern. Selten gibt es nur ein Wort, das passt. Und ich selbst weiß auch nicht alle Bedeutungen. Muss nachschlagen oder andere fragen. Finde nicht alle Ausdrücke passend für das, was ich auszudrücken versuche. Ich habe viele Fragen. Und die versuche ich ebenso zu einem Teil der Übersetzungen werden zu lassen. Denn nur weil mir meine Tradition einen religiösen Wortschatz mitgegeben hat, weiß ich nicht unbedingt mehr von Gnade, Erlösung, Barmherzigkeit, Demut, Himmel oder Segen, als andere das tun. Alle gemeinsam sind wir Suchende. Loten aus. Die Worte, die uns gegeben sind. Die Geschichten und Erzählungen. Wir legen unsere Fragen an die alten Texte, wie kleine Brücken. Gehen darüber, halten Ausschau nach mehr. Wir prüfen alles, behalten vor allem das Gute. Erkennen an: Die Welt wandelt sich. Und Sprache tut es auch. Und es gibt so viele Gründe, zu glauben, zu lieben, zu hoffen. Worauf? Erzählen wir doch davon. Und hören, was andere zu erzählen haben.

Am Ende

Ich glaube, Schreiben ist nicht nur Festhalten. Es lehrt mich auch loszulassen. In dem Moment, in dem ich diesen Moment zu beschreiben versuche, ist er schon wieder vergangen.

Auch dieses Buch ist im Grunde nur eine Momentaufnahme. Aufgenommen in den Jahren 2021 und 2022. Den letzten Satz schreibe ich wenige Monate bevor ich dreißig Jahre alt werde. Der Himmel an diesem Tag ist bewölkt. Die Waschmaschine schleudert. Die Petersilie im Topf auf der Küchenfensterbank könnte Wasser vertragen. Die Zeitung von heute berichtet von der Stichwahl zwischen Macron und Le Pen. Meine beste Freundin und ihre Familie beherbergen seit gestern Abend eine geflüchtete Familie aus der Ukraine. Auf meiner Noch-zu-lesen-Liste steht das Buch von Sarah Vecera »Wie ist Jesus weiß geworden?«. Nächste Woche bin ich für vier Tage in Kopenhagen. Mein Coronatest ist immer noch negativ. Meine letzte Google-Suche lautet »Frühstückscafé Kreuzberg«.

Schon jetzt bin ich sicher: Dieses Buch würde ich niemals wieder so schreiben, wie ich es gerade tue. Weil ich nie wieder die sein werde, die ich im Moment des Schreibens gewesen bin. Ich kann nur schreiben, was ich *gerade* glaube, verstanden zu haben. Was ich *jetzt* weiß, worüber ich *im Moment* nachdenke. Alles andere ist offen.

Das ist das Schöne am Schreiben, aber manchmal auch das Schwere: Es hört nicht auf. Es gäbe immer noch mehr zu schreiben. Es gäbe immer noch mehr Worte zu machen, mehr Sätze zu finden, mehr Geschichten zu erzählen.

Im Schreiben lerne ich etwas vom Leben und fürs Leben: Es fließt. Ist immer im Fluss. Fortlaufend. Nicht aufzuhalten. Im

Schreiben denke ich darüber nach, was denn dann bleibt. In all dieser Vergänglichkeit. Ich habe keine abschließende Antwort darauf. Und vielleicht *ist* das die Antwort: Ich kann es nicht wissen. Nur ahnen. Was sich weitertragen wird. Was Gültigkeit behält. Und was sich wandelt.

Und so schreibe ich öfter »vielleicht« als »ganz sicher«. Ich mache mehr Fragezeichen hinter meine Sätze als Ausrufezeichen. Und aus einem Punkt wird manchmal ein Doppelpunkt, der verheißt: Da kommt noch was.

Im Schreiben lasse ich die Gewissheit los, etwas würde nun für immer so bleiben. Im Schreiben übe ich das Vertrauen: So manches wird sich weiterschreiben.

Und bis dahin – lebe ich die Fragen. Und manchmal in so manche Antwort hinein. Bis dahin nehme ich das Leben beim Wort. Suche darin nach einem goldenen Kern. Danach, worum es geht. Im Leben und im Schreiben. Bis dahin gebe ich meiner Geschichte einen Wert und entdecke G*ttliches zwischen meinen Lebenszeilen.

Bis dahin suche ich nach Worten. Manchmal finden sie mich.

Meine Inspirationsquellen

Zu vielen meiner Gedanken haben mich andere inspiriert. Voll von Lob, Bewunderung und Dankbarkeit empfehle ich ihre Bücher zum Weiterlesen, ihre Musik zum Weiterhören, ihre Filme zum Weitersehen.

Gedrucktes:

Ausländer, Rose (1994): Sanduhrschritt. Gedichte. Fischer.

Bachmann, Ingeborg und Paul Celan (2021): Herzzeit. Briefwechsel. Suhrkamp.

Brudereck, Christina (2021): Trotzkraft. Gedichte, Notizen, Essays, Gebete. 2Flügel.

Cameron, Julia (2019): Der Weg des Künstlers. Ein spiritueller Pfad zur Aktivierung unserer Kreativität. Knaur.

Domin, Hilde (2009): Sämtliche Gedichte. Fischer.

Emcke, Carolin (2022): Für den Zweifel. Gespräche mit Thomas Strässle. Kampa.

Frerichs, Jan (2018): Barfuß und Wild. Wege zur eigenen Spiritualität. Patmos.

Frisch, Max (1985). Tagebuch 1946–1949. Suhrkamp.

Funke, Cornelia (2003): Tintenherz. Dressler.

Hartung, Louise und Astrid Lindgren (2016): Ich habe auch gelebt. Briefe einer Freundschaft. Ullstein.

Kaléko, Mascha (2017): Sei klug und halte dich an Wunder. Gedanken über das Leben. dtv.

Kleon, Austin (2013): Alles nur geklaut. 10 Wege zum kreativen Durchbruch. Mosaik.

Leky, Mariana (2019): Was man von hier aus sehen kann. Dumont.

Lindgren, Astrid (2019): Pippi Langstrumpf. Oetinger.

Lionni, Leo (2003): Frederick. Beltz & Gelberg.
Rilke, Rainer Maria (2021): Briefe an einen jungen Dichter. Wallstein.
Rowling, J. K. (2008): Harry Potter und der Feuerkelch. Carlsen.
Thoreau, Henry David (2012): Vom Glück in der Natur zu sein. Anaconda.
Wells, Benedict (2018): Vom Ende der Einsamkeit. Diogenes.

Digitales:
Blackout Poetry / https://versteckteverse.glitch.me/
Finck, Liana / https://lianafinck.com/
Fistéra, Natalia / www.hauptfachmensch.de
Kaffee und Kunsten / https://www.instagram.com/kaffee.und.kunsten/
kreativitätstechniken.info/ https://kreativitätstechniken.info/

Musikalisches:
Coldplay
Daniel Kahn & Painted Bird
Dota Kehr
Prinz Pi
Vivaldi

In-Szene-Gesetztes:
Phantastische Tierwesen und wo sie zu finden sind (2016), Regie: David Yates
Jenseits der Stille (1995), Regie: Caroline Link

Selbstverfasstes:
Mein Text über die Gleichzeitigkeit des Seins, von dem ich in diesem Buch erzähle, ist in meinem Adventsbegleiter »Von Lichtgestalten und Sterneguckern« zu finden, erschienen im Neukirchener Verlag, 2017.

Danksagungen

Denn zusammen schreibt man weniger allein

Ich würde nicht so schreiben, wie ich es heute tue, wenn es da nicht andere geben würde, die sich mir so zuschreiben. Die mir zugewandt sind und zugeneigt. Die mir Zusagen machen und viel zutrauen. So jedenfalls empfinde ich es, wenn ich etwas von ihnen lese. Denn mit ihren Worten erzeugen sie eine Resonanz in mir. Ganz tief drinnen. Sie erzählen mir Geschichten. Flüstern mir was vom Leben zu. Sagen durch ihre Worte: Gemeint bist genau du. Und zwar ganz so, wie du bist. Mal Pippi und mal Annika. Mal Meggie und mal Hermine. Und ganz oft auch einfach Hanna.

Da sind so viele, bei denen ich mich anlehnen darf. Von denen ich so viel lerne. Dichter*innen und Denker*innen. Poet*innen und Pionier*innen. Interessierte und Inspirateusen, wie eine von ihnen, Birgit Mattausch, das so schön nennt. Ihr sorgt für meine Seele. Nehmt mich ein Stück mit. Ich verbinde so viel mit euch. Fühle mich verbunden. Dabei kenne ich nicht mal alle von euch persönlich. Doch durch eure Worte, die ich lesen oder hören darf, in Büchern, Mails und WhatsApp-Nachrichten, seid ihr mir sehr nah. Prägt mich und meine Art und Weise, die Welt zu sehen und davon zu schreiben. So sehr.

Darum: Danke!

Liebe Astrid Lindgren. Für eine ganze Reihe lebenslanger Lieben. Rosenrote Tage. Dir will ich alles schenken.

Liebe Mascha Kaléko. Für dein »Du aber bist der Hafen.« Mit dir lehne ich mich gegen jeden Regen.

Liebe Cornelia Funke. Für mein Tintenherz. Und die Wilde-Hühner-Weisheit, dass wir nichts im Leben festhalten können.

Lieber Rainer Maria Rilke. Für alles Geduldhaben und Fragenwagen. Für jede Form von Lebenspoesie.

Liebe Hilde Domin. Für in die Luft gesetzte Füße und Worte, die tragen.

Liebe Joanne K. Rowling. Zwar erreichte mich nie ein Brief aus Hogwarts, aber dafür deine Bücher. Und vielleicht ist das am allerbesten so.

Liebe Glennon Doyle. Für ein Buch, in dem ich völlig ungezähmt so viele Sätze anstrich wie selten. Danke fürs Lautwerden und die gleichzeitige Einladung in die Stille. Durch beides finde ich so viel.

Liebe Teresa von Ávila. Für deine Idee der Seelenburg, in der mindestens ein Zimmer immer für mich frei ist.

Lieber Roger Willemsen. Für diese so wahren und wahrgewordenen Worte: »Weil wir das Leben nicht verlängern können, müssen wir es verdichten.«

Liebe Kübra Gümüşay. Für Sprache und Sein. Und die Erinnerung daran, dass jedes Wort eine Wirkung haben kann. Und der Schlüssel zur Freiheit das freie Sprechen ist.

Liebe Anne Frank. »Ich danke dir für all das Gute, Liebe und Schöne.« Und für dein Tagebuch, das mich nächtelang wachliegen und lesen und nicht vergessen ließ.

Liebe Dorothee Sölle. Für dein »Es muss doch mehr als alles geben.« Ich halte Ausschau nach dem Mehr.

Liebe Rose Ausländer. Für in die Luft geworfene Angst. Und die Erinnerung: »Sei was du bist und gib was du hast«.

Und ganz besonders danke auch an euch, die ihr an diesem Buch in eurer je eigenen Weise mitgewirkt habt:

Andrea Kuhla. Für unseren privaten Podcast. So viele hin- und herbewegte Ideen. So viel Fragenleben. Wem gehören die Worte? Nicht mir, nicht dir, uns allen. Parole Sprühwurst!

Siri Fuhrmann. Dass wir einander so vertrauen und uns daher immer wieder trauen, Menschen in die Weite einzuladen. In Worten. Auf der Insel. Am Meer. Danke fürs Schreiben. Zu allen Gezeiten. So viel lernte ich von dir, so viel lerne ich mit dir. Denke ich an Schreibexerzitien, denke ich an dich.

Anne-Maria Apelt. Für gemeinsames und gegenseitiges Feuerentfachen und Feuerhüten. Und für diese mir so liebgewordene Lebensweisheit: »Deine Geschichte ist auch meine Geschichte«.

Birgit Mattausch. Für Wortspiele und Resonanzräume. Mit dir mach ich so gern gemeinsame Sache!

Maria Manuela D'Ignazio und Florian Hartmann. Für alle Liebe, alle Verlässlichkeit, alles Vertrauen. Mit euch will ich immer weiter Wortschätze heben.

Stefanie Gruner. Fürs Sehnen und Suchen. Für alles Stückwerk, das daraus entstand.

Claudia Meyer. Für so viele geteilte Texte und Töne. Halten wir uns an der Liebe fest!

Malou. Für alle deine Fragen und dafür, dass ich mit dir noch einmal in ganz neuer Weise in die Welt der Worte eintauchen darf.

Maria Herrmann. Oh w@nder! Damit nahm so vieles seinen Anfang. Danke dafür.

Natalia Fistéra. Für geliehene Schuhe. Und jedes »Sei dir gut«.

Luise Binder. Fürs Entdecken und Teilen eines Lieblingslieds: »Was ist deine Geschichte?« von Keno. Wie eine Übersetzung meiner Arbeit in schönste Worte und Töne.

Ruth Atkinson. Dafür, dass du mich gesehen und an mich geglaubt hast. Dadurch wurde aus meinem Blog ein Buch und schließlich mein Beruf. Das vergesse ich dir nicht.

Christina Brudereck. Für alle trotzig-tröstlichen Worte, die du mit der Welt teilst. Für Erzählgemeinschaft und Verbundenheit auf vielen Wegen.

Stephanie Brall. Für Wurzeln, die sich immer mal wieder berühren. Und für Gemeinsamkeit in aller Einzigartigkeit.

Frau S. und Frau K.-H. Meine Deutschlehrerinnen. Die eine brachte mir Buchstaben bei und ließ mich in der Pause drinnen bleiben und Geschichten schreiben. Die andere brachte mir dazu auch die Worte anderer näher. Beiden verdanke ich viel.

Frau K. Die mir über ein Jahr ein Gegenüber war. Die mir Rilke ans Herz legte. Und Fragen stellte, auf die nur ich selbst die Antworten kennen konnte. Ich lebte in sie hinein. Dafür bleibe ich dankbar.

Johanna Oehler. Für gemeinsames Ringen um die richtigen Worte. Für dein Vertrauen in mich und deine Feststellung, schon ganz früh: »Ich glaube, dein Buch ist eine Liebeserklärung ans Schreiben, oder?«

Außerdem: Danke an die vielen, vielen Menschen, die sich bereits vertrauensvoll in meinen Schreibräumen oder inspiriert durch die Schreibimpulse meiner Wortschatzboxen ihrer eigenen Geschichte zuwandten und sich damit Stück für Stück selbst auf die Spur kamen. Und schon jetzt danke an diejenigen, die ich auch in Zukunft noch dazu einladen darf. Euch allen sei dieses Buch ganz besonders gewidmet.

Und nicht zuletzt: Danke an meine geliebte Familie. Und an meine Freund*innen, die mir wie Familie sind. Euch gehört mein Herz. Und glaubt mir: Ich will *immer* wissen, wie es euch geht, okay?

Und schließlich: Danke, Thomas. Auch für wortloses Verstehen. Weil es uns gibt, bleibe ich hardcore hoffnungsvoll.